Über dieses Buch 1931 reiste Boris Pasternak mit seiner zukünftigen Frau Sinaida Neuhaus nach Tiflis, der Hauptstadt Georgiens. Von persönlichen Sorgen gequält, wurde diese erste Begegnung mit der wilden poetischen Landschaft des Kaukasus und der zweitausendjährigen georgischen Kultur für Pasternak zu einer Erlösung und künstlerischen Offenbarung zugleich.

Pasternak traf mit den Mitgliedern des Dichterkreises »Die blauen Hörner« zusammen, und vor allem Paolo Jaschwili und Tizian Tabidse wurden seine engen Freunde. Der Tod der beiden Männer während des Stalin-Terrors wurde für ihn neben dem Verlust der Freundin Marina Zwetajewa zur »größten Erschütterung« seines Lebens.

Bis zu seinem Tod im Jahr 1960 schickte Pasternak Briefe nach Georgien. Die Verbundenheit mit diesem Land und seinen Menschen bewies er in den kongenialen Übersetzungen, die von dem Zauber dieser südländischen Landschaft inspiriert wurden. Georgien wurde ihm zur zweiten Heimat, zum Sinnbild eines freien Lebens, ein Ideal-Land für den Künstler, für seine Phantasie.

So kann man diesen Briefband, ähnlich wie den *Geleitbrief*, als eine Art lyrischer Biographie lesen, zugleich macht er mit einer faszinierenden Strömung innerhalb der sowjetischen Literatur bekannt – der georgischen Dichterschule der zwanziger und dreißiger Jahre – und dient ebenso als »Materialienband«, der wesentliche Informationen zum Werk Pasternaks ab 1931 liefert.

Die Neuausgabe der *Briefe nach Georgien* ist um ein gutes Drittel erweitert: aufgenommen wurden Briefe und einzelne Passagen, die vor allem aus politischen Gründen bei der sowjetischen Veröffentlichung (1966) gekürzt worden waren.

Der Autor Boris Leonidowitsch Pasternak wurde am 10. Februar 1890 in Moskau geboren. Er studierte Musik, Jura und Philosophie in Moskau und Marburg. Seine schriftstellerische Laufbahn begann er 1912 als Lyriker unter symbolistischem und futuristischem Einfluß. Heute gilt er neben Anna Achmatowa, Ossip Mandelstam und Marina Zwetajewa als bedeutendster russischer Lyriker des zwanzigsten Jahrhunderts. Außer kleineren Prosaarbeiten erschienen seine Übersetzungen von Dramen Shakespeares und Kleists, von Goethes *Faust*, von Gedichten Verlaines und Rilkes. Dem 1956 vollendeten *Doktor Schiwago*, der erst 1988 in der Sowjetunion erscheinen konnte, folgten u. a. *Über mich selbst*, der *Versuch einer Autobiographie* (überarbeitete Ausgabe 1990 bei FTV) und der Gedichtband *Wenn es aufklart* (ebenfalls 1990).

Boris Pasternak erhielt für *Doktor Schiwago* den Nobelpreis. Er sah sich jedoch gezwungen, den Preis abzulehnen, als er wegen der Hetzkampagne gegen ihn mit der Ausbürgerung rechnen mußte. Er starb am 30. Mai 1960 auf seiner Datscha in Peredelkino bei Moskau.

BORIS PASTERNAK

Briefe
nach Georgien

Aus dem Russischen übersetzt, herausgegeben
und mit einem Nachwort versehen
von Heddy Pross-Weerth

Fischer Taschenbuch Verlag

Ergänzte Ausgabe
Veröffentlicht im Fischer Taschenbuch Verlag GmbH,
Frankfurt am Main, September 1989

Lizenzausgabe mit freundlicher Genehmigung des
S. Fischer Verlags, Frankfurt am Main
© 1968 by S. Fischer Verlag, Frankfurt am Main
© 1989 by Fischer Taschenbuch Verlag, Frankfurt am Main,
für ergänzte Briefpassagen, Nachwort und Anmerkungen
Umschlaggestaltung: Buchholz/Hinsch/Hensinger
unter Verwendung eines Fotos von Cartier-Bresson ›Georgien‹
© Magnum Hamburg/New York, 1989
Gesamtherstellung: Clausen & Bosse, Leck
Printed in Germany
ISBN 3-596-29297-2

INHALT

VORBEMERKUNG

Die um ein gutes Drittel erweiterte Neuausgabe der von Georgij Margwelaschwili 1966 in Moskau und Tbilissi herausgegebenen Briefe Boris Pasternaks an seine georgischen Freunde stützt sich auf Auswahlpublikationen in verschiedenen russischen und georgischen Zeitschriften der letzten zwanzig Jahre. In diesen Einzelpublikationen wurden je nach Interessenschwerpunkt der Editoren unterschiedliche Kürzungen vorgenommen. Teils wurde allzu Privates eliminiert, teils politisch Inopportunes. Dank dem Archiv der Familie Pasternak konnten die durch Kürzungen entstandenen Lücken weitgehend, wenn auch nicht vollständig, gefüllt werden. Eine komplette russische Ausgabe des gesamten Briefwerks steht noch aus.

Die vorliegende Neuausgabe vermittelt dennoch einen guten Einblick in die Werkstatt des Dichters, seine geistig-seelische und künstlerische Entwicklung über 30 Jahre; darüber hinaus enthält sie wichtige Hinweise auf Pasternaks Einstellung zu politischen Vorgängen jener Zeit, insbesondere zum »Skandal« um den Roman *Doktor Schiwago*.

Heddy Pross-Weerth

AUS DER AUTOBIOGRAPHIE

Im Verlauf der Jahrzehnte seit dem Erscheinen des *Geleitbriefs* habe ich oft gedacht, wenn ich das Buch noch einmal herausgäbe, müßte ich ihm ein Kapitel über den Kaukasus und zwei georgische Dichter anfügen. Die Zeit verstrich, weitere Ergänzungen wurden nicht notwendig. Nur dieses Kapitel fehlte. Jetzt schreibe ich es.

Im Winter 1930 besuchte mich in Moskau der Lyriker Paolo Jaschwili mit seiner Frau: glänzender Mann von Welt, hochgebildet, interessanter Gesprächspartner, Europäer, ein schöner Mensch.

Wenig später gab es in zwei Familien, meiner eigenen und einer befreundeten, Veränderungen, die für alle Beteiligten schwere seelische Belastungen mit sich brachten. Es kam die Zeit, in der meine spätere zweite Frau und ich kein Obdach hatten. Jaschwili lud uns in sein Haus nach Tiflis ein.

Damals wurden mir der Kaukasus, Georgien, einzelne Menschen, der Alltag der Stadt zur großen Entdeckung. Alles war neu, und alles setzte mich in Erstaunen. In den Tiefen der Straßen- und Gassenschluchten verhängten dunkle Felsmassen den Blick. Das Leben der armen Leute, aus den Höfen hinausgetragen auf die Gasse, war kühner, nicht so verstohlen wie im Norden; es war bunt, leuchtend, offen. Die volle Mystik und messianistische Symbolik der Volkstradition bereichert das Leben mit jener Phantasie, die im katholischen Polen jeden zum Dichter macht. Die hohe Kultur der Gebildeten, ihr geistiges Leben, war in diesem Ausmaß in jenen Jahren eine Seltenheit. Die Plätze von Tiflis erinnern in ihren ausgewogenen Proportionen an Petersburg. Malerische Winkel. Die Eisengitter vor den Fenstern der Bel-Etagen geschweift, wie längliche Körbe oder wie Leiern. Wo man geht und steht, schlagen Tamburins den Rhythmus zur Lesginka. Der Abend einer südlichen Stadt zieht herauf, Sterne, Duft aus Gärten, Konditoreien und Cafés. Paolo Jaschwili ist ein bedeutender Dichter des Nach-Symbolismus. Seine Poesie fußt auf Fakten und exakten Zeugnissen seiner Empfindungen. Sie ist der modernen europäischen Prosa verwandt: Belyí, Hamsun, Proust, und wie ihre Dichtungen voll erfrischender, unerwarteter und genauer Beobachtungen. Es ist höchste schöpferische Poesie. Sie ist nicht überladen, nicht vollgepfropft mit Effekten. In ihr ist Weite und Luft. Sie bewegt sich und atmet.

Der Erste Weltkrieg hielt Jaschwili in Paris fest. Er studierte an der Sorbonne. Auf krausen Umwegen gelangte er wieder nach Hause. Er hockte auf einem gottverlassenen norwegischen Bahnhof, träumte vor sich hin und merkte nicht, wie sein Zug weiterfuhr. Ein junges norwegisches Bauernpaar, das von irgendwoher mit dem Schlitten gekommen war, um Post abzuholen, sah die Unachtsamkeit des unbedachten Südländers und ihre Folgen. Er tat ihnen leid, und – weiß der Kuckuck, wie sie sich mit ihm verständigten – sie nahmen ihn mit auf ihren Hof bis zum nächsten Zug, der vierundzwanzig Stunden später fuhr.

Jaschwili konnte prachtvoll erzählen. Er war der geborene Abenteuer-Geschichten-Erzähler. Ihm passierte ständig das Unvorhergesehene, Überraschende, das sonst nur in Novellen vorkommt. Zufälle hatten es auf ihn abgesehen. Er war wie für sie gemacht, und sie ergaben sich seiner leichten Hand.

Genie durchdrang ihn ganz. Das Feuer seiner Seele glänzte in seinen Augen, Feuer der Leidenschaft hatten seine Lippen versengt, Glut des Erlebten sein Gesicht dunkel gebrannt. Er sah älter aus, als er war, ein Mensch, vom Leben gerüttelt.

Am Tage unserer Ankunft lud er seine Freunde ein, Mitglieder der Dichtergruppe, deren Führer er war. Ich weiß nicht mehr, wer alles an dem Abend kam. Sicherlich sein Nachbar Nikolaj Nadiradse, ein Lyriker reinsten Wassers. Auch Tizian Tabidse und seine Frau waren da.

Das Zimmer sehe ich vor mir, als hätte ich es eben erst verlassen. Wie könnte ich es auch je vergessen? Damals an jenem ersten Abend, als ich nicht ahnte, welche Schrecknisse seiner Bewohner harrten, ließ ich es vorsichtig, um nichts davon zu zerbrechen, auf den Grund meiner Seele sinken, dort blieb es zusammen mit all dem Entsetzlichen, das sich später in ihm und in seiner Umgebung ereignen sollte.

Wozu waren mir diese beiden Menschen geschickt worden? Wie kann ich unser Verhältnis erklären? Beide wurden zum Bestandteil meiner eigenen Welt. Keinen von beiden bevorzugte ich, so untrennbar waren sie, so sehr ergänzten sie sich. Ihr Schicksal und das von Marina Zwetajewa wurden die größten Erschütterungen meines Lebens.*

Wenn Jaschwili eine nach außen gerichtete, eine zentrifugale Erscheinung war, so war Tizian Tabidse ganz nach innen gerichtet; mit jeder Zeile, mit jedem Schritt rief er in die Tiefe seiner reichen Seele, voller Rätsel und Ahnungen.

Das Wichtigste an seiner Poesie war die Sicherheit unerschöpflicher dichterischer Kraft, die man hinter jedem seiner Gedichte spürte; das Überwiegen des Ungesagten, dessen, was er im Ungesagten auszudrücken vermochte. Diese unberührbaren seelischen Reichtümer sind Urgrund und Basis seiner Dichtung, durchdringen sie mit jener besonderen Stimmung, die ihren ganz eigentümlichen und bitteren Reiz ausmacht. In seinen Gedichten ist so viel Seele wie in ihm selbst: eine komplizierte, geheimnisvolle, ganz auf das Gute gerichtete Seele, hellsichtig und fähig zur Hingabe.

Wenn ich an Jaschwili denke, fallen mir städtische Episoden ein: Zimmer, Diskussionen, öffentliche Veranstaltungen, seine brillante Redegewandtheit auf menschenreichen Zusammenkünften und bei Abendgesellschaften.

Der Gedanke an Tizian Tabidse führt zur Naturlyrik. Vor der Phantasie erstehen dörfliche Landschaft, Willkür blühender Ebenen, Meeresbrandung.

Wolken schwimmen, in einer Reihe mit ihnen bauen sich in der Ferne die Berge auf. Und die gedrungene, irdische Gestalt des lächelnden Dichters fließt mit ihnen zusammen. Sein Gang federt. Und wenn er lacht, schüttelt sich sein ganzer Körper. Nun steht er vom Tisch auf, läßt sein Messer ans Glas klingen, er will eine Rede halten. Seine Gewohnheit, die eine Schulter hochzuziehen, läßt ihn ein klein wenig verwachsen erscheinen.

Das Haus steht in Kodshory, im Bogen einer Serpentinenkehre. Die Straße steigt der Fassade entlang an und geht, das Haus umrundend, an seiner Rückseite weiter. Alle, die auf dieser Straße gehen oder fahren, kann man vom Haus aus zweimal sehen.

Wir haben den Zenit jener Epoche erreicht, in der nach Belyjs scharfsinniger Bemerkung der Triumph des Materialismus die Materie aufgehoben hatte: nichts zu essen, nichts anzuziehen. Nichts Faßbares ringsum, nur Ideen. Daß wir nicht zugrundegingen, danken wir den Wundertäter-Freunden von Tiflis, die unermüdlich irgend etwas herbeischafften und anschleppten, sogar noch mit phantastischen Begründungen Verlagsvorschüsse für uns ergatterten.

Wenn wir beieinander sind, tauschen wir Neuigkeiten aus, essen zu Abend, lesen uns gegenseitig vor. Ein kühler Lufthauch läßt seine Finger rasch und leicht über die silbrigen Pappelblätter mit ihren weißsamtenen Unterseiten gleiten. Die Luft ist mit betäubenden südlichen Düften – wie mit Klängen – gesättigt. In der Höhe wendet die Nacht langsam die Deichsel mit der Vorderachse ihres Fuhrwerks voller Sterne. Und unten auf der Straße kommen und gehen Karren und Autos, und alle sind sie vom Haus zweimal zu sehen.

Oder wir sind auf der Georgischen Heerstraße nach Borshomi oder nach Abastuman gewandert. Oder nach einem Ausflug voller Schönheiten, Überraschungen, Picknicks – ich mit einem beim Sturz blau geschlagenen Auge – in Bakuriani zu Besuch bei Leonidse, diesem so ganz und gar unabhängigen Dichter, der mehr als alle andern mit den Geheimnissen der Sprache, in der er schreibt, vertraut ist, und dessen Gedichte sich daher weniger als die der anderen einer Übersetzung fügen.

Sommernachtsfest auf einer Waldwiese, die schöne Herrin des Hauses, zwei bezaubernde kleine Töchter. Am anderen Tag kommt unversehens ein Mestwir, ein fahrender Sänger, mit der Sackpfeife. Er begrüßt in würdevoller Grandezza alle Anwesenden aus dem Stegreif, Gast für Gast mit jeweils genau passender Pointe; und er nutzt jeden beliebigen Anlaß – mein angeschlagenes Auge zum Beispiel – für einen Trinkspruch.

Oder wir sind in Kolubety: Regen und Sturm, und im selben Gasthof wohnt mit uns Simon Tschikowani, der spätere Meister der strahlend-bildhaften Metapher. Damals war er noch Komsomolze. Und über der Linie des Gebirges und des ganzen weiten Horizonts der Kopf des lächelnden Dichters, der neben mir geht, und die hellen Zeichen seiner unmeßbaren Begabung, Schatten von Schmerz und Schicksal im Lächeln. Und wenn ich mich jetzt auf diesen Seiten noch einmal von ihnen verabschiede, möge es in seiner Person ein Abschied von all meinen Erinnerungen sein.

BRIEFE

Lieber Tizian, liebe Nina Alexandrowna, Gruß, Gruß Ihnen beiden, Gruß und gute Wünsche zum sicheren Sieg an der ›Woh-
nungsfront‹! Lieber Tizian, von Rechts wegen sollte ich mich für
Sie freuen, (weil Sie sich so von Grund aus nach den Ihrigen und
nach Tiflis sehnten), aber es ist traurig hier ohne Sie. Georgij
Iwanowitsch Tschulkow fährt zu Besuch zu E. E. Lansera und
bat um Ihre Adresse: ich gab sie, ohne Ihre Erlaubnis vorher
einzuholen. Wahrscheinlich wird er zu Ihnen kommen und
Grüße bringen. Jelisaweta Tager erzählt, daß Sie beide [gemeint
sind Tabidse und Jaschwili] und *Sie im Besonderen* – ich mußte
ihr sogar erst Paolos Qualitäten beweisen – die Petersburger in
helles Entzücken versetzt haben, und daß sie noch lange nachher immer wieder über den Abend und über Sie sprachen; nach
der Abreise gab es in Leningrad so etwas wie eine georgische
Woche. Man verstand Sie und schätzt Sie sehr hoch: man begriff
meine Liebe zu Ihnen, charakterisierte richtig. Bei der Diskussion nach Assejews * Vortrag sprach Paolo glänzender und kühner als alle anderen – so die allgemeine Meinung. Ich hatte mich
verspätet, verpaßte den Vortrag, kam erst gegen Schluß der Ver-
anstaltung und machte den Fehler, das mir als erstem erteilte
Wort zu ergreifen. Den Vortrag hatte ich nicht gehört, darüber
konnte ich nicht diskutieren, und was ich sagte, war Ihnen nicht
angemessen, war so, wie Ihre Nitotschka * Sie schildern würde.
Die Leute verstanden nichts, man applaudierte und verabschiedete sich. Gleich fahren wir zur Fortsetzung der Diskussion.
Vielleicht kann ich es dann besser machen und mich rehabili-
tieren. Ich umarme Sie und grüße alle. Sina * küßt Nina und
Nitotschka und läßt Sie grüßen.

Mein lieber, teurer Paolo!
Wochen vergehen, dehnen sich zu Monaten, und wenn es so
weitergeht, werden Sie nie erfahren, daß ich gleich nach unserer Ankunft am See begonnen habe, Ihnen zu schreiben. Mehrmals fing ich an und ließ die Briefe, weil sie endlos lang wurden,
unfertig liegen. Sie wuchsen sich teils zu Exkursen aus über die
Geschichte des Ural, teils waren es Versuche, Ihnen (!) zu erklären, was eigentlich Georgien sei.
Merkwürdig – kaum hatten wir uns hier häuslich eingerichtet,
durchlebten wir den mit Ihnen verbrachten Sommer noch einmal. So aus einem Guß und in gleichbleibender Intensität geschah uns das zum ersten Mal. Es begann schon am Morgen, als
wir in unserer Drei-Zimmer-Datscha mit Terrasse aufwachten
– das Uralgebietskomitee der Partei hat sie uns besorgt; wir gingen zum See und sahen am jenseitigen Ufer Wald, Hunderte
von Werst; am diesseitigen Ufer: Fichten, Birken, schimmernde Wasserglätte, Wolken, Gräber eines verfallenen Friedhofes, nördliches, gewohntes Gamma. Wir verglichen nichts,
sagten einfach wie aus einem Munde »Kodshory«, und dann
mit wachsender Eindringlichkeit erstand vor uns Tiflis, Okrochany, Kobulety, Zagweri und Bakuriani und all die Orte und
Begebenheiten. Heute morgen stand Tesik auf mit den Gedanken ganz bei Tamara Alexandrowna, morgen wird es jemand
anderes sein. Schmerzhaft stark empfinde ich die Freude,
Freude für Sie, daß Sie dort sind, daß dieses alles Sie umgibt und
Sie alles sehen.
Es ist nicht nur der Süden und der Kaukasus, es ist die Schönheit, die abgründig und überall ringsum erschütternde Schönheit; und es sind nicht nur Tizian und Schanschiaschwili, Nadiradse und Mizischwili, Gaprindaschwili und Leonidse * – in
jeder Weise bemerkenswerte, unvergleichliche Menschen. Es
ist noch mehr, und zwar etwas, das auf der ganzen Welt zur
Seltenheit geworden ist. Weil (ungeachtet seiner märchenhaften Sonderart) Georgien in viel allgemeinerer Beziehung ein

Land ist als jedes andere, ein Land, das in wunderbarer Weise in seiner Existenz keine Unterbrechung erlitt, das es noch jetzt auf der Erde *gibt*, das nicht in die Sphäre des Abstrakten übertragen wurde, ein Land mit unverfälschten Farben und vierundzwanzigstündiger Wirklichkeit, wie groß auch seine jetzigen Verluste sein mögen.

Genau in diesem Licht erkannten wir nun Georgien und waren betroffen von der mit Ihnen durchlebten Zeit wie von etwas Unfaßbarem, einer Legende. Ach, wahrscheinlich habe ich das damals vorausgefühlt, als ich mit M. S. Dshawachischwili* über Georgien sprach, über Georgien als Form, und mich verwirrte, keinen Ausdruck fand... Und jetzt ist es mir klar. Diese Stadt Tiflis mit allem, was ich in ihr gesehen habe, mit allem, weswegen ich aus ihr hinausfuhr, und mit allem, was ich in sie einbrachte, wird für mich zu dem werden, was Chopin, Skrjabin, Marburg, Venedig und Rilke für mich geworden sind: es wird zu einem Kapitel des ›Geleitbriefs‹* werden, das mein ganzes Leben stützt. Eines von diesen, wie Sie wissen, wenigen Kapiteln. Und es wird bald erfüllt werden. Ich sage »wird«, denn ich bin Schriftsteller, alles muß sich umsetzen und seinen Ausdruck finden; ich sage »wird«, denn all das hat in mir schon begonnen.

Darum schreibe ich Ihnen Brief auf Brief und vernichte die Briefe konsequent. Denn das alles ist nicht mehr Gegenstand freier, willkürlicher Korrespondenz. Der Kreis der Erinnerungen hat mich schon in seiner Gewalt: schon schreibt *er* mich, wie Tizian sagen würde.* Er ist zu etwas Selbständigem geworden, in der fertigen Gestalt des gefundenen Seelenzustandes, ähnlich einer blühenden Pflanze, d. h. fähig, sich selbst zu ernähren von all dem, was ich erlebe und noch erleben werde; und solange dieser Seelenzustand nicht abgelöst wird von einem neuen Zentrum gleicher Intensität, d. h. Skrjabin, Rilke, Venedig und Tiflis entsprechend, werden alle Säfte im Laufe der Zeit sich ausbreiten und ihn nähren. Ein offenzutageliegendes Beispiel: in den Ural, wie mir jetzt klar geworden ist, fuhr ich *deswegen*, wegen Tiflis. Aber im Brief kann man darüber nur schwer schreiben, und würde er fünfmal so lang. Und im Brief, das ist klar, läßt sich nicht alles sagen. Was für Gedanken und Einfälle mir auch kommen werden, Georgien in meiner nächsten Arbeit zu übergehen, ist nicht möglich. Alles (wenn auch in den Einzelheiten noch nicht voraussehbar) wird sich um Ihre zauberhafte Heimat gruppieren, wie die Erzählung über meinen Lebensabschnitt, der mit Majakowskij verbunden war, sich um ihn gruppiert.

Nach all dem muß ich hinzufügen, wie schwer es mir bei aller menschlichen Lebenskraft ist, diese meine mich selbst bereichernde Liebe zu Ihnen und den Ihren zu verwirklichen, nachdem ich sie aus der Hand gegeben und auf Sie und Tizian und Nadiradse und Gaprindaschwili gerichtet habe. Diese Korrespondenz muß – ich fühle, das ist keine Phantasie – meine neue Mission sein. Und käme ich ihr nicht unmittelbar nach, ich wüßte nichts mit mir anzufangen. Darum, dem Herzen folgend, müßte ich nicht nur Tamara Georgijewna und Nina Alexandrowna, nicht nur Nitotschka und Medea *, sondern auch den Straßen, durch die sie gehen, und den Platanen, die ihre Schatten über sie breiten ... Nein, nein: ich müßte auch mit den Kümmernissen korrespondieren, die Sie ihnen bereiten.

Küssen Sie alle mit meiner ganzen Seele, und richten Sie allen Orten aus, sie seien die besten und liebsten, welche die Erde hervorgebracht hat. Und einem dieser Orte sagen Sie, daß ich mich in diesen Tagen ans Schreiben über allerlei Sammelsurium setzen werde – Nördliches und Bürgerkriegssachen, und an die Ausführbarkeit dieses Entschlusses nur deshalb glaube, weil ich später über den Ural schreiben werde im Gedanken an Okrochany, das darin seinen Ausdruck finden wird.

Absichtlich nenne ich Ihnen keine Absender-Adresse. Ich möchte sehr gerne wissen, wie Sie leben, was Sie tun, Sie und die nächsten Freunde. Aber Sie werden nicht antworten, und das würde Sie je länger je mehr bedrücken. Leben Sie gesund und glücklich in der Unkenntnis, wohin man uns Briefe senden könnte. Im Herbst dann, falls Sie noch nicht in Moskau sind, werden wir einander wieder schreiben.

Als merkwürdig empfinde ich, daß in meinen Gefühlen dem letzten Sommer gegenüber etwas ist, das leichter als alle anderen ein Mensch verstehen würde, der damals fehlte: Robakidse*. Trotz meines ewigen Unvermögens, die Essenz des Gefühlten ohne komplizierende Einzelheiten auszudrücken, ist es vielleicht diese Besonderheit, die zu Ihnen und zu Tizian führte.

Ich umarme Sie fest; den halben Brief hat auch Sina mitgeschrieben. Oft gibt sogar Adik* Beweise von der Lebendigkeit seines Gedächtnisses, vor allem bei kaukasischen Erinnerungen. »Kalamis zweri, kalamis zweri«, sage ich zu ihm, und er strahlt plötzlich auf und erzählt vom Platzregen in Bakuriani. Auf Wiedersehen mit allen!

B. P.

*An Besso Shgenti** 6. 10. 1933

Lieber Genosse Shgenti!

Ich habe mit der Übersetzung moderner georgischer Lyriker begonnen. Wenn Ihnen für Ihre Zeitschrift ›Literatur und Kunst Transkaukasiens‹ die beiliegenden Übersetzungen (drei von T. Tabidse und eine von P. Jaschwili) zusagen, verfügen Sie bitte darüber. Wenn ein Honorar dabei herausspringt, soll es zur Tilgung meiner in die Tausende gehenden Schulden verwendet werden, die ich schon seit zwei Jahren Tizian nicht zurückerstatten konnte. Paolo schulde ich noch mehr, aber das will ich mit späteren Publikationen ausgleichen.

Genosse Besso! Wenn die Gedichte von Tschikowani* über Swaneti (darunter ein Poem) nicht übersetzt sind, bitten Sie ihn, sie für eine Übertragung durch mich vorzubereiten. Tizian wird ihm erklären, wie man eine Rohübersetzung macht (aber mit Betonungsakzenten, die er nicht gibt). Meine Bitte um vorbereitetes Material bezieht sich nicht nur auf Tschikowani, sondern auf alle Dichter, die Sie zusammen mit Tizian und Tschikowani aussuchen. Die Anthologie wird mindestens

2000 Zeilen haben; allein das Poem von Washa Pschawela*, mit dem das Buch beginnen soll, umfaßt rund tausend Zeilen. Aber ich kann nur parallel mit meiner eigenen Prosa daran arbeiten. Hier ist man an der Anthologie sehr interessiert, und Tizian hat der Redaktion von Gorkijs Almanach ›Das 16. Jahr‹, in dem seine Gedichte erscheinen werden, einen ungeheuren Eindruck gemacht. »Was für einen Dichter haben Sie uns da entdeckt!« sagte man zu mir… Das Gedicht von Paolo ist noch erschütternder. Noch nie habe ich etwas Lebendigeres, Stärkeres über Lenins Tod gelesen.

Ich drücke Ihnen fest die Hand. Alles Gute. Grüßen Sie die Freunde. Beeilen Sie sich mit der Antwort.

Ihr B. Pasternak

An Tizian Tabidse   12. 10. 1933

Lieber Tizian!
Ich danke Ihnen für die Äußerungen, die Paolo und Elewtera* indirekt überbrachten. Mir scheint, ich verstehe, warum sie auf diesem Umweg kamen, und danke Ihnen für Ihren Takt.

Meine Situation wäre höchst einfach, wenn S. N. und J. W.* einander akzeptierten. Ihr sich gegenseitig Ignorieren ist das einzige, was mein Leben weiterhin belastet.

Sina und ich leben sehr gut, dank ihrer Mühen; wir fanden nämlich, daß es ohne Hausgehilfin stiller und erfüllter ist. Bei mir gibt es keinerlei Dramen und Schwankungen, und wahrscheinlich werden die letzten Trennwände, die verhindern, daß ich mich um mir nahe Sorgen kümmern kann, mit der Zeit fallen.

Sina hat seinerzeit soviel aushalten müssen, daß ich ihr auf der Hut sein durchaus verstehe und entschuldige.

Wie immer J. W.'s Leben sich verändern mag, stets wird mir alles, was sie betrifft, nahegehen. Das werden Sie sicher auch ohne meine Briefe vermutet haben. Aber daraus sind keine falschen Schlüsse zu ziehen. Ich hätte nicht die geringsten Geheimnisse vor Sina, wenn sie sich nicht selber abkehrte.

Es wäre sehr lieb von Ihnen, Tizian, in einem Brief an mich J. W.'s Reise mit keinem Wort zu erwähnen, diese Dinge kann man ausgrenzen.

Gefallen Ihnen die Übersetzungen wirklich? Erlauben Sie mir, daran zu zweifeln: alle Übersetzungen schließen ein gewisses Maß von Vergewaltigung des Originals ein, die schlechten wie die guten; meine gehören eher zur ersten Sorte. Wahrscheinlich verflache ich Sie, bei jedem Künstler bildet sich während der Arbeit eine eigene Idee von der Standfestigkeit eines Wortes; meine Arbeit ist sehr roh: es ist viel Dilettantisches darin, auf ungute Weise mit dem Leben vermengt. In ihrer Banalität ist sie nicht weit von dem entfernt, was man Nadsonismus, Apuchtinowismus und Jesseninismus nennt, wenn man die schwächsten Stücke dieser Dichter zur Kennzeichnung fremder Mängel heranzieht. Das alles weiß ich sehr gut; es betrifft nicht nur meine Übersetzungen der Gedichte von Ihnen und Paolo, sondern die ganze Anthologie.

Was die Ungenauigkeit dieser Arbeit angeht, wird die Schuld vielleicht etwas gemildert, wenn ich den Band ›Aus georgischer Dichtung‹ nenne, d. h. im Titel eine Stütze einbaue durch volle Wiedergabe der angegebenen Quelle, in der diese Versuche ihren Ursprung haben. Mit diesem anspruchslosen Titel wäre mein Gewissen vor Ihnen vollkommen ruhig. Es gibt von Annenskij* eine Übersetzung des Heine-Gedichts ›Ich grolle nicht‹. Vielleicht ist Heine von anderen besser übersetzt worden: aber für mein Ohr lebt nur diese Übersetzung und scheint mir genau zu sein, weil ich sie liebe, und weil sie wie ein lebender Organismus verschieden ist zu verschiedener Zeit, genau wie Heines Original; darin besteht ihre wichtigste Übereinstimmung.

Wie es gar nicht anders sein kann, Ihre Gedichte gefallen hier bei uns ungemein und erscheinen in Nr. 3 des Almanachs ›Das 16. Jahr‹. Paolos Gedichte gab ich der Redaktion noch nicht, werde es aber morgen tun, ohne seine Erklärung zu einigen mir nicht ganz deutlichen Stellen abzuwarten. Ich konnte ihn gestern und heute nicht am Telefon erwischen. Vielleicht schicke ich die Gedichte an Shgenti und gebe die Übersetzungen hier in die Redaktion mit entsprechenden Hinweisen auf die Unklarheiten, man kann sie dann in den Fahnen korrigieren. Wenn Sie Shgenti sehen, sagen Sie ihm bitte, daß vielleicht Korrekturen notwendig werden.

Wundern Sie sich nicht, Tizian, über das irgendwie zwiespältig Scheinende zwischen meinem früheren Brief und diesem: zwischen uns gibt es überhaupt keine Divergenzen. Die Explosion der Dankbarkeit, die Sie in mir entzündeten, setzt sich als Kettenreaktion fort. Das Wunder des Lebens behält seine Kraft, erlahmt nicht für eine Minute und verbindet Sie und Nina Alexandrowna mit meinem ganzen Sein. Schreiben Sie mir in die Wolchonka, lassen wir das Übersetzungsproblem beiseite. Paolo und ich haben verabredet, Ende des Monats zusammen zu kommen, aber ich fange an, mich vor der Kälte unterwegs zu fürchten, und werde wahrscheinlich doch nicht reisen.

Ihr B. P.

An Tizian Tabidse   23. 10. 1933

Lieber Tizian.

Es paßte mir nicht, heute mit Paolo zu reisen, wie wir geplant hatten. Vielleicht komme ich mit der Brigade, die sich Anfang November nach Tiflis aufmacht*, aber auch das ist noch ungewiß. Außerdem habe ich inzwischen den Vertrag für den Band ›Aus georgischer Dichtung‹, wie ich Ihnen vielleicht schon schrieb, unterzeichnet.

Ich fange an, ernstlich für das Geschick des Buches zu fürchten. Ende Januar muß ich das Manuskript abliefern; es würde so leicht mit der Arbeit vorangehen, wenn ich nur die Sprache könnte und nicht auf die Hilfe schon vorhandener Übersetzungen angewiesen wäre.

Paolo war hier schrecklich beschäftigt und konnte mir nur einen geringen Teil von den Sachen geben, um die ich ihn gebeten hatte. Er fing zwar an, Washa Pschawelas ›Schlangenfresser‹

26

in Prosa zu übersetzen, wurde aber nicht mehr fertig. Außer den Stücken, die ich an Shgenti schickte, habe ich nichts von ihm bekommen, und ich kann es ihm nicht einmal übelnehmen. Er war zu sehr mit den Angelegenheiten vom Rion-Ges* in Anspruch genommen...

Ich will übersetzen: Washa Pschawela, Paolo, Sie, Gaprindaschwili, Leonidse, Nadiradse (Mizischwili, wenn er Gedichte schreibt), Tschikowani. Dann möchte ich auch einiges von Galaktion Tabidse* und Grischaschwili übertragen. Paolo riet, auch Schanschiaschwili, Abascheli, Lordkipanidse, Kaladse und Maschaschwili aufzunehmen. Hierzu brauche ich Rohübersetzungen und das auf dem schnellsten Wege. Alles muß im November erledigt werden. Nichts, was später eintrifft, kann ich aufnehmen – wegen des Vertragstermins. Aber niemandem möchte ich das aufhalsen, ich vertraue in dieser Hinsicht ganz auf Sie, d. h. ich bitte Sie, mir zu helfen, Rohübersetzungen nur bei denjenigen von den Genannten aufzutreiben, bei denen es sich leicht und mit Vergnügen machen läßt. Sie wissen, Tizian, welche Art von Rohübersetzungen ich brauche. Obwohl es in der georgischen Sprache keine festen Betonungen gibt, bitte ich sehr darum, zu kennzeichnen – wenn auch mit Vorbehalt –, wie ein georgisches Gedicht zu lesen ist. Z. B. habe ich nie gehört, daß man Tábidse oder Tabidsé sagt, sondern immer nur Tabídse. Ebenso lesen Sie: léksebi, aber nicht leksébi oder leksebí... Ich will es anders ausdrücken. Versetzen Sie sich einfach in die Lage eines russischen Übersetzers, stellen Sie sich das vor mit Ihrer Kenntnis der russischen Sprache und Verse. Geben Sie mir klare Anweisungen für die Wiedergabe des Wortmaßes. Sonst bleibt alles im Willkürlichen, so wie es mir bei Ihnen und Paolo ergangen ist, mag Paolo noch so sehr das Gegenteil versichern und behaupten, ich hätte das Maß heilig eingehalten. Ich kann nur die Idee des Maßes nach dem Gehör wiedergeben; weil Paolo und Sie diese Sachen einmal vorgelesen haben, konnte ich davon ausgehen, bei anderen geht das nicht.

Lieber Tizian, diese Bitte ist auch an Sie gerichtet: geben Sie mir noch ein paar Gedichte; es sind zu wenig übersetzt. Bei den anderen kann ich mich nicht direkt an die Autoren wenden (außer an Gaprindaschwili, Nadiradse und Leonidse), helfen Sie mir entweder direkt oder über Shgenti.

An Tizian und Nina Tabidse   6.11.1933

Meine lieben Freunde, Nina Alexandrowna und Tizian!
Ich weiß nicht, wie man die Erhabenheit bezeichnen kann, mit der die Eisenbahnzüge aus Tiflis hinausfahren. Ich sah diese Erhabenheit aus *unserem* Fenster im Hotel Orient; oft schaute ich ihr zu, folgte dem langsam schwimmenden Rauch, der sich hinter steinernen Vorgebirgen verbarg und dann wieder zum Vorschein kam. Genau die gleichen Bewegungen wie dieser Rauch führte ich aus, nachdem ihr und Kornejews * hinter der Biegung zurückgeblieben wart. Und Nikolaj * mit den Goljzews hätten je nach Laune stundenlang vom Hotelzimmer aus verfolgen können, wie lange mein Abschied von der wunderbaren Stadt dauerte, wie viele ihrer Erscheinungen, hinter den Felsen auftauchend, ich als endgültig letzte betrachtete, wie sie von Neuem auftauchte, als schaue sie sich nach allen Seiten um – schon vom Unmöglichen und jenseits aller Erwartungen her; von all dem wurde mir so schwer, daß ich kaum die Tränen zurückhalten konnte.
Ihr Glücklichen, Ihr Glücklichen! Wie gerne würde ich mit Eurem Leben tauschen, wenn ich Euch nicht so liebte.
Als schweigsamer Passagier saß ich zwischen den Mitreisenden im Wagen: meine Seele führte einen zu großen Reichtum mit, als daß ich ihn mit jemandem hätte teilen können: alle diese Leute kannten Sie nicht, waren nicht in jener Nacht bei Leonidse gewesen, haben nicht auf der Terrasse bei E. A. Bedi im dämmrig-verhangenen Panorama den Kasbek gesucht; unglückliche Unwissende, nicht einmal hinter jenen Tischen haben sie gestanden, die vor der Abfahrt für eine Stunde auf dieser

Gotteswelt auftauchten, speziell für die Reservierung der Platzkarten.

Sie können sich leicht ausmalen, meine Lieben, wieviel Zeit und Muße ich hatte, alles Empfundene und Gesehene wieder und wieder zu durchleben. Zeit dazu gab es mehr als genug, denn wir kamen in Moskau mit mehr als einem ganzen Tag – mit 30 Stunden Verspätung an. Erst hielt uns bei Baku ein Schneesturm neun Stunden fest. Dann standen wir die ganze Nacht vor Machatsch-Kaloj, durch ein Eisenbahnunglück auf dem nächsten Streckenabschnitt aufgehalten. Und danach ging man mit uns um wie mit Menschen, die zur Strafe aus dem Fahrplan herausgeworfen sind: auf Behelfsstationen, mitten auf freiem Feld senkten sich blitzschnell die Stopsignale vor uns nieder. Mir war klar, daß *ich* aus dem Fahrplan herausgefallen war, nicht der Zug, denn mit all meinen Gedanken war ich nicht unterwegs, sondern bei den mit Ihnen verbrachten Tagen.

Und nun habe ich Ihnen schon so viel dummes Zeug vorgeschwatzt, daß die Quantität in Qualität umspringt und sich in ein Recht verwandelt, in dieser Art fortzufahren. Und ich bekenne Ihnen, daß bei der Ankunft zu Hause mich das Neuempfinden alles dessen erwartete, was ich mit Sina erlebt hatte – vom ersten Anfang an, in all seiner Dramatik. Aber dieses Mal waren es nur wir beide, unter dem friedlichen Dach, das uns niemand mehr streitig macht, so daß auch der Zweifel schwand, ob dieser törichte Sturm des neu sich Kennenlernens angemessen sei gegenüber dem längst Anerkannten und Offenkundigen.

Aber nun ein ganz anderes Thema aus dem Gebiet der »reinen Dummheit«, Musterbeispiel für »Idiotie an sich«.

Irgendwelche Meldungen in der englischen oder skandinavischen Presse haben behauptet: mein Vater freue sich über meine Reise und... beglückwünsche mich (!), er habe gelesen, sic, daß ich eine Expedition von Schriftstellern anführe (!!), dann habe auf der selben Reise durch die Krim (!!!) Papa meine Rede sehr gefallen (!!!!!), die ich in Tiflis gehalten hätte (!!!!!!).

Meine Lieben, lohnt es sich danach überhaupt noch, zu leben und zu arbeiten, wenn jeder von uns – ohne jede Veranlassung plötzlich das Opfer blödsinniger Spekulationen westlicher Journalisten werden kann, unreal nicht nur im Verhältnis zu uns, sondern auch vom Standpunkt ihrer eigenen Ansichten aus, und noch dazu, ohne im geringsten zu sondieren, wohin sie ihr Kuckucksei legen! Aufs Geratewohl und vollkommen willkürlich (so, anscheinend, betreibt man die Aussaat vom Flugzeug aus) wählen sie die Objekte für ihre Börsenspekulationen; und der Mensch, der nichts weiter möchte, als anständig innerhalb der glühenden Grenzen seiner eigenen konzentrierten Beschränktheit zu leben, gerät in Börsenfabeln… Ach, Tizian, wie gern möchte ich wissen, aber in voller Wirklichkeit, wer ich bin und was ich bin, damit ich zum Prozeß mit meinem Schicksal ausgerüstet bin mit allen Beweisen! Sina weiß die Antwort auf diese Frage: sie legt mit der ganzen Anteilnahme des großen Freundes dar, daß ich ein Nichtsnutz bin und bezweifelt unsere fernere Gemeinschaft, wenn ich nicht endlich von neuem an die Arbeit gehe.

Aber ganz recht hat sie nicht, denn der Zug der Anhänglichkeit, des Hingezogenseins, den ich als einzigen mit Bestimmtheit an mir kenne, ist so stark in mir, daß er mir Tätigkeit ersetzt und als Beruf erscheint.

Dieses Hingezogensein bezieht sich auf Orte und bestimmte Tagesstunden, auf Bäume, Menschen, auf die Geschichte der Seele, die zu beschreiben ich kein Bedürfnis habe, so figürlich-heraldisch sind sie für sich selbst im Verschweigen, so bereit bin ich, sie für sie selbst wiederzugeben – Hingerissensein irgendwie nicht-männlich, sondern wie ein Narr –, das ist das einzige, was ich niemand anderem zur Freude, wer es auch sein mag, kann und vermag.

Unter den Grüßen, mit denen ich Sie jetzt belade, wird einer sein – Sie wissen es –, den ich nicht formulieren kann, in solchem Grade ist er durchlebt und wirklich. Sein Wesen besteht darin, daß ich den Dichter Leonidse * und seine Poesie grüße mit der selben tiefen Ehrerbietung wie auch seine Frau, sein

Leben, sein Haus. Und ich kann mich zwingen, noch genauer zu sein: ich grüße den Funken der *Kindlichkeit*, der durch seine Hände und durch seine Manuskripte sprüht und auf seine Kinder ausstrahlt. Ich spreche nicht von jener verlogenen, raffaelitischen, überzuckerten Vorstellung von Kindheit, die es auf der Welt nicht gibt, ausgenommen auf Konfektschachteln, sondern von der Einfachheit und Ungereimtheit und Schutzlosigkeit des Kindes, von seiner elektrischen Leitfähigkeit. Von der Fähigkeit des Kindes, eine Welt im Spiel aufzubauen und beim Überqueren der Straße umzukommen. Von seinem Sehvermögen im großen Dickicht, weit der Zeit voraus durchs Leben gehend, nach dem es sich auf einfache, kindliche Weise richtet: unlogisch, behende und schutzlos. Aber dieser Gruß wiegt so schwer, daß man ihn besser nicht ausrichtet.

Von Sajzew* erfuhr ich, daß es B. N.* etwas schlechter geht, und daß er zu Bett liegt. Aber sein Zustand sei nicht gefährlich. Die Fortsetzung von ›Grenze‹ ist erschienen, der zweite Band seiner Erinnerungen. Ich werde ihn bald bekommen. Ihre Grüße habe ich durch Sajzew übermittelt.

Küßt bitte Nitotschka, bleibt gesund und kommt bald. Mit Ungeduld warte ich auf Tichonow und Pawlenko, um zu erfahren, was sich inzwischen weiter ereignet hat. In ihren Erzählungen werde ich wieder alles sehen und aufs neue mit Ihnen zusammensein. Wie man vom Süden den Sonnenbrand mitbringt, so spüre ich den minutenlangen Widerschein alles Gewesenen und Funkelnden, es muß verlöschen und vergessen werden, aber, wie Jaschwili sagt, es wird zur Freundschaft des Malers mit der geliebten Farbe und vergeht nicht.

Tizian, ich küsse Sie.   Ihr B. P.

Lieber Genosse Foljan!

Über Ihren Brief war ich sehr froh, und wenn mich auch Ihre Erwartungen ein wenig erschrecken und sich als verfrüht erweisen, so trifft Sie keine Schuld daran, weil Sie wahrscheinlich über die Zusammenhänge gar nicht unterrichtet sind.

In unserer Zeit werden ja nur Todesnachrichten als relative Veränderungen im Leben des Verstorbenen mit einigen Mitleidsbezeugungen für den Verewigten wahrgenommen. Alles übrige schwimmt an den Ohren vorbei, auch an den freundschaftlichen.

Es ist nun so: seinerzeit schrieb ich Nikolo Mizischwili und wohl auch G. W. Bebutow * von den Überraschungen, die mich nach der Rückkehr aus Tiflis erwarteten, aber offenbar blieb dies ein Geheimnis der Adressaten. Die Kinder erkrankten an Masern, Scharlach und Windpocken, man mußte die Buben isolieren, ins Krankenhaus bringen, die ganze Wohnung desinfizieren lassen usw. usw. Dann zu Beginn der Januarferien machte ich mich an die Arbeit mit einigen Rohübersetzungen, übrigens die einzigen, die Goljzew schickte.

Als Andrej Belyj starb, konnte ich mich der unmittelbaren Beteiligung an den Beerdigungsvorbereitungen, der Regelung der ersten notwendigen Formalitäten nicht entziehen. Das war ich meinen Gefühlen für ihn schuldig. Ende Januar kündigte das Organisationskomitee telegraphisch die Reise einer georgischen Schriftstellerbrigade an, wieder Hoffnungen, leider falsche (die Brigade kam nicht), das ging mir sehr nahe. Um dieselbe Zeit begann man, für den Bau der Moskauer Metro das zweistöckige Haus, in dem ich wohne, ähnlich einer offenen Sappe der Länge nach aufzuschneiden. Anfangs raubte mir die Begeisterung über die Arbeit der jungen Leute den Schlaf, die Tag und Nacht Wunder vollbrachten in der Umwandlung unseres Hofes in ein Mittelding zwischen der deutschen Stadt Essen und dem griechischen Tartaron. Bald zeigten sich diese Wunder mir von einer anderen Seite: als man nämlich den Hinteraufgang abriß, die Treppe zum Dachboden einstürzte und meine Wohnung zum Wirtschaftstrakt für die übriggebliebenen Wohnungsnachbarn wurde. Sie befinden sich natürlich in einer noch übleren Lage, denn ich kann wegen des Einsturzes – mit einiger Hoffnung auf Erfolg – eine andere Wohnung verlangen, von ihrer Seite jedoch würden solche Versuche nur die folkloristische Dichtung bereichern, als absolut uneigennützige Vorbilder mündlicher Dichtung ohne jeden praktischen Erfolg. Durch diese bis jetzt ergebnislosen Scherereien mit der Wohnung kam ich mit Washa Pschawela auch nicht um eine einzige Zeile voran, statt dessen besuchten uns zu meiner großen Freude die Familien Tabidse und Mizischwili (Tizian Tabidse bekam Grippe und darf erst morgen wieder aufstehen). Schließlich wurde auch meine Frau vor einigen Tagen krank, wahrscheinlich (der Arzt ist sich noch nicht ganz sicher) Lungenentzündung.

Das alles erzähle ich Ihnen absichtlich, um klar zu machen, daß, wenn in unseren Republiken – im Unterschied zu den nur Sitzenden und Kranken – irgend jemand dem gesunden Menschenverstand zuwider, den Elementen zum Trotz arbeitet, so sind das erstens die Metro-Arbeiter, zweitens ich und drittens Gaprindaschwili.

Alle seine Rohübersetzungen sind ausgezeichnet, und außerdem ist er selber ein ausgezeichneter Dichter. Zu meinem Leidwesen habe ich keine Zeit, ihm persönlich zu schreiben. Ebenso würde ich gerne an B. I. Kornejew schreiben. Aber es würde mich zu sehr ablenken, ich bin gezwungen, kombinierte Briefe zu schreiben, zugleich über die Arbeit und über das Leben; und manchmal schreibe ich in der Hoffnung, daß sie durch den zweiten Teil nicht nur Eigentum der Empfänger bleiben, sondern weitergehen mit der Welle der Grüße und Aufträge. Aber in Wirklichkeit sind alle zu beschäftigt, Mizischwili kann man nicht beanspruchen, ihm wirbelt sowieso schon der Kopf von all den tausend Aufträgen, die er erhielt. Das, was man ihm zugeteilt hatte, hat er geschickt, aber bei seinem Zeitmangel sehen die Manuskripte so schlimm aus, daß man sie, wie pornographische Fotos, niemandem vorzeigen kann. So übersetzte ich zwei Sachen von Tschikowani und Abaschidse *, und wenn Ihnen ›An der Grenze‹ zusagt, können Sie es benutzen, aber ich weiß nicht, ob Kornejew und Bebutow Bescheid wissen.

Ich würde zu gern als Antwort auf Ihre Ungeduld Ihnen sagen, daß ich Washa Pschawela überhaupt noch nicht angefangen habe, aber zu meinem äußersten Bedauern ist mir dies Vergnügen versagt durch die Tatsache, daß ich neben einigen Sachen von Nadiradse, Grischaschwili, Gaprindaschwili und Mizischwili (ungerechnet Tschikowani und Abaschidse) schon 200 bis 300 Zeilen vom ›Schlangenfresser‹ übersetzt habe.

Aber ziehen Sie daraus keine unpassenden Schlüsse. Es bedeutet bestimmt nicht, daß aus diesen 300 Zeilen morgen 350 geworden sein werden und übermorgen 400. *Vielleicht* jedoch könnte das gehen, wenn Sie mir eine Abteilung Tifliser Miliz schickten, die meine Telefonleitung durchschneidet, eine Wache vor meiner Arbeitszimmertür aufstellt, mit den Kindern Milch holen geht usw. usw. Sie möchten Washa zu Ehren des Schriftstellerkongresses herausbringen, die Verleger der zeitgenössischen Anthologie, stürmisch bewegt von den gleichen lobenswerten Wünschen, empfehlen mir, Washa Pschawela rechtzeitig beiseite zu legen, um im Namen des selben Kongresses die Zeitgenossen zu bearbeiten. Aber weder Sie noch die anderen ziehen in Betracht, daß mit nicht geringerem Eifer alle nur irgend möglichen Seiten des Lebens sich auf den Kongreß vorbereiten, und am meisten von allen – Mikroben und Bakterien, die sich verschworen haben, vor dem Kongreß und nicht nachher, mich zu ruinieren und meine Nächsten zu Grunde zu richten.

Ich arbeite an allem gleichzeitig, gehe nicht spazieren, lese kein Buch, schon seit zwei Monaten sah ich meinen eigenen Sohn * nicht, der nur eine 20-Minuten-Fahrt von mir entfernt wohnt. Ich tue das äußerste, was ich für Sie und Gudiaschwili * tun kann, den ich von ganzer Seele grüße und mit dessen Illustrationen ich ganz übereinstimme, sie sind mir eine wirkliche Freude, die erste Freude auf diesen neun Seiten. Mehr sage ich

34

nicht. Ich drücke Ihnen warm die Hand. Gaprindaschwili ist ein großartiger Mensch, und er gefällt mir so gut, daß ich geradezu befürchte, er habe die letzten zweieinhalb Monate nicht so bunt und stürmisch verbracht wie ich.

Vergessen Sie nicht, allen gemeinsamen Freunden meinen herzlichen Gruß auszurichten. Bleiben Sie gesund.

Ihr aufrichtig ergebener B. Pasternak

Seien Sie so liebenswürdig, geben Sie den privaten Teil des von mir Erzählten jenen wenigen weiter, die ich liebe, deren Freundschaft lebenswichtig ist und denen nicht schreiben zu können mich sehr traurig macht.

An Tizian und Nina Tabidse   8. 12. 1934

Meine Lieben, Nina Alexandrowna und Tizian!
Seit ich jene abendliche Kost im Couvert erhielt, schreibe ich Ihnen Brief auf Brief. Ach, Sie beide sind mir so verwandt! Wir werden noch so viel unserem Leben Gemeinsames erfahren, noch so oft intensiv beieinander sein, nicht wahr? Wozu brauchen wir dann einander Briefe zu schreiben?
Ich muß mich gerade erst von meiner eigenen Sklaverei befreien, von der Prosa nämlich. Es ist zu langwierig zu erzählen, warum ich sie schreibe.
Wenn ich Sie Verwandte, Nächste, Gleiche, Seelenfreunde nenne – so sind das keine leeren, überflüssigen Worte. Geht, fragt bei Claudia Nikolajewna * nach. In nicht abgeschickten Briefen schrieb ich Ihnen über mich, daß es in meiner Seele so eine Art Kleistertopf gibt mit festem Kleister, der mit einem Klacks das Beste von allem, was ich erlebe, festklebt. Ich begann aufzuzählen, wodurch Sie mit mir verbunden sind: durch Rolland, durch meine ältere Schwester, durch das revolutionäre Deutschland, das mir wie eine natürliche Fortsetzung Rilkes erschienen war usw. usw. Und auf einmal fiel mir ein, daß

35

Sie, Nina, ohne davon zu wissen, so einen lebendigen Kleister-topf neben sich haben – Tizian. Und Tizian, wie man es auch dreht und wendet, erweist sich als der stärkste Lyriker von al-len. Ich wußte das alles schon früher. Aber er ist mir zu nahe. Als sei ich es selbst, wage ich nicht, es zu wissen. Manchmal habe ich mich ganz und gar dargebracht. Haben Sie gehört, Nina, was im Saale geschah, als ich zu ihm überging! Zu Ihrem Hündchen *, Nina. Tizian wird das Herz des Moskauer Buches werden, er wird es retten.

Aber genug, genug, sonst wird auch dieser Brief nicht abge-schickt.

Als ich den ›Schlangenfesser‹ in Buchgestalt sah, zog sich mir das Herz zusammen vor der *Unmöglichkeit*, auszudrücken, wem ich mit diesem Buche verpflichtet bin. Das müßte ich Jewfimija Alexandrowna * sagen.

Im ersten Monat nach der Rückkehr erinnerte ich mich an alle Orte, alle Augenblicke in Tiflis, und sie arbeiteten für mich. Und sie, Jewfimija Alexandrowna, wurde zu ihrer Inkarnation. Man braucht ihr das nicht zu sagen, sie weiß es ohnehin. Nur Sina weiß es noch so, wie sie immer alles weiß, ohne irgend etwas verstehen zu müssen.

Verstehen ist eine vollkommen andere Welt, eine vollkommen andere Lebensform und Lebensart; das sind keine Orte, keine Augenblicke, nicht einmal Tiflis, vielleicht sogar nicht einmal die Erde: es ist ein nahes, vom Zufall geschenktes Herankom-men an die Geschäfte der Geschichte, es ist Teilhabe an ihrer Zukunft, es ist der breite Roman mit verlorengegangenen Grenzen einiger besonders Glücklicher unter dem Himmel, de-nen sich der Sinn eines gemeinsamen Punktes enthüllt hat. Das ist der Kleister, von dem oben die Rede war, das sind Sie und ich, das sind unsere verschränkten Hände.

Ich schicke Ihnen ein Foto vom Sommer. Ein freundlicher Leh-rer hat es aufgenommen, ich kümmerte mich nicht um ihn und ging fort.

Ich umarme Sie, Tizian.   Ihr B.

Lieber Tizian!
Heute morgen wachte ich um acht Uhr auf. Sina sagte: »Trotzdem würde ich an deiner Stelle Tizian zum Bahnhof begleiten.«
Ich hatte es auch vor. Um ½10, noch ungewaschen und nicht
angezogen, rief ich Shango an, um genau zu erfahren, wann und
von welchem Bahnhof der Sotschi-Expreß abgeht. Er sagte: um
10 Uhr 30. Aber ich mußte mich noch waschen und all diese
Morgenpflichten erledigen. Ich gab mich leicht mit den Entschuldigungen zufrieden, welche die Begleitung verhinderten:
Erstens wollten Sie es ja gar nicht; zweitens waren Sie in meinem Bewußtsein noch hier, die Abreise war nicht vollzogen,
noch war es leicht, sich mit Fakten abzufinden.
Im weiteren verlief dann alles maßlos dumm. Ich kann mich in
diesem ganzen Jahr an keinen so traurigen und leeren Tag erinnern. Ich setzte mich an die Arbeit. Sie wollte nicht, alles ent-
glitt der Hand. Irgendeine grundlose Traurigkeit übermannte
mich mit Schläfrigkeit, mir war, als schliefe ich am Tisch ein.
Ich legte mich nieder, wälzte mich eine Stunde herum, konnte
nicht einschlafen. Dann ging ich in die Stadt, um Verschiede-
nes zu erledigen. Auf der Nikolskaja traf ich Paolo. Er sagte, der
Zug führe erst um 11 Uhr 30. Ich hätte Sie noch sehen können,
in dieser wunderbaren morgendlichen Luft. Diese Nachricht
hob meine Stimmung keineswegs. Vom Staatsverlag für
Schöne Literatur ging ich zu Jewgenija Wladimirowna. Sie war
böse auf mich, es kam zu einem traurigen Gespräch. Ich ging
fort auf den Twerskoj Boulevard, – sah auf die Uhr: erst zwei
Uhr, graue, nördliche Vor-Mittagessenszeit, aber so viel Trauri-
ges hatte sich bereits ereignet, daß es dem Gefühl nach schon
Abend war, und so ging es den ganzen Tag über.
Zu Hause erholte ich mich etwas, versuchte, von neuem zu
schreiben. Aber ich hatte vollkommen vergessen, wie man das
macht. Ein solches Ausgeleertsein hatte ich schon lange nicht
mehr erlebt. Ich begriff nur eins, daß Sie abgefahren waren, daß
ich heute nicht mit Ihnen telefonieren, Sie nicht sehen kann.

Sie glaubten, Tizian, daß Ihre Anwesenheit meine Arbeitskraft beeinträchtige. Und *wie* habe ich, während Sie in Moskau waren, arbeiten können!!! Und nun ist plötzlich alles ohne Ziel, graue, verzehrende Leere.

Was soll aus der Arbeit werden, wenn sich das morgen wiederholt? Tizian, ich habe ein Bitte an Sie: vielleicht, im April, erlaube ich mir eine kurze Pause. Bereiten Sie mir zu diesem Zeitpunkt ein paar Rohübersetzungen Ihrer besten lyrischen Werke vor und schicken Sie sie mir, jene Übersetzungen[1] – Natur und Metaphern –, lassen Sie die Jugend auferstehen in ›Iswestija‹ und ›Krasnaja Nowj‹! Tun Sie's, drehen wir die Zeit zurück, ich will wieder wie am Anfang ein bißchen über Ihnen und Paolo sitzen. Es soll Sie nicht verdrießen, daß ich diese Bitte ausspreche, obwohl noch eine Menge nicht ausgearbeiteter Rohübersetzungen von Ihnen hier liegt. Ich bitte ohne jede Logik und jeden Bezug: vielleicht, trotz der Bitte, übersetze ich auch das eine oder andere gerade von den hier vorliegenden Sachen. Aber bei der flüchtigen Durchsicht, unter dem Druck des Vorwurfs meiner eigenen Lage, erschreckt mich die offene Tiefe und Kompliziertheit der meisten ein wenig. Tun Sie's, Tizian. Oder vielleicht tun Sie's auch nicht. Wie Sie wollen.

Es wird mir schwer, ohne Sie zu sein. Ich kann mich nicht so rasch an Ihre Abwesenheit gewöhnen.

Leben Sie wohl, mein Lieber.

Küssen Sie Nina und Nita. Ich weiß, daß Sie manchmal an mich denken werden: zwingen Sie sich nicht, mir zu schreiben; ich weiß, wie das unserem Bruder, dem Schriftsteller, schwerfällt. Ich umarme Sie.

Ihr B.

---

1 Phonetisch (Anm. Pasternaks).

Mein goldener Tizian!
Lange müßte ich erzählen, was mit mir in diesem Sommer geschah. Ich bin auch jetzt noch nicht wieder gesund, beschloß
aber, dem Herzen, der Leber, dem Schlaf und den Nerven meine
Aufmerksamkeit zu entziehen. Und die Hauptsache: ich bin
wieder zu Hause, bei Sina, und fange an, mich selbst ein bißchen wiederzuerkennen, wenn auch nicht so wie früher, aber
doch schon ein wenig wie ich selbst. Irgendwann einmal werde
ich Ihnen Genaueres erzählen über diese vier Monate, einstweilen begnüge ich mich damit, zu sagen, was Sie allein wissen
müssen, nur Sie.
Während der ganzen Zeit dieser Quälereien habe ich nicht
aufgehört, meine nächsten und alten Freunde zu lieben, ich
habe Paolo und Heinrich Gustavowitsch nicht vergessen,
habe mich nicht von meinen besten Freunden abgewandt. In
Paris traf ich Marina Zwetajewa. Aber auf dieser Reise wie
auch bei all den zahlreichen und sinnlosen Aufenthalten in
verschiedenen Sanatorien, in die ich zur Heilung fuhr, und in
denen ich fast den Verstand verlor durch die Unrast der Einsamkeit, habe ich als Talisman immer mit mir gehabt: den
ständigen Gedanken an Sina, einen Brief von Rainer Maria
Rilke und einen von Ihnen, den vom Frühling – erinnern Sie
sich? Ich legte ihn oft in der Nacht unter mein Kissen, in der
abergläubischen Hoffnung, daß er mir vielleicht den Schlaf
brächte, den ich den ganzen Sommer so bitterlich entbehrt
habe.
Mit Schtscherbakow* teilte ich die Kabine auf der Fahrt von
London nach Leningrad, ihm habe ich viel von Ihnen erzählt. Es
war die schlimmste Zeit meiner Prüfungen, irgendeine Krankheit der Seele, das Gefühl des Endes ohne sichtbares Auftreten
des Todes, trostloseste Unvorstellbarkeit. Und damals, als ich
darüber nachdachte, was weiter werden sollte, da habe ich mir
manchmal vorgestellt, Sie bei Nina darum zu bitten, den Rest
meines Tages als Anhängsel bei Ihnen, Tizian, verbringen zu

dürfen, irgendwo nahe am Kasbek. Aber das waren Phantastereien, Ausgeburten düsterster Befürchtungen.
Das alles ist vorbei. Mich betrübt und erschreckt zeitweise die
schroffe Veränderung, die sich mit mir in diesem Jahr vollzogen
hat. Aber ich werde keine Kur, kein Heilverfahren, keine Ur-
laubsreise mehr auf mich nehmen. Ich will versuchen zu arbeiten (mehr als vier Monate tat ich nichts).
Ich muß aussprechen, wie dankbar ich Ihnen für Ihr Gedenken
bin, für die Wärme und Weisheit Ihres Herzens. Sie wissen, wie
sehr ich Sie liebe – mehr als Sie liebe ich nur Sina. Grüßen Sie
von ganzer Seele die mir so vertrauten Nina und Nitotschka.

Ihr B.

Ich schreibe noch einmal. Ich war nur eben in die Stadt gefahren, um einiges zu erledigen, und fand nun Ihren neuen Brief.
Diese wenigen Worte sind Telegrammersatz: Heißen und herzlichen Gruß an Paolo. Diese Freundschaft ist auch unauslösch-
lich, in ihr liegt großes Glück beschlossen.

An Tizian und Nina Tabidse   8.4.1936

Meine lieben Freunde, Tizian und Nina!
Eine Woche schon trage ich mit irgendwelchen anderen Sachen
ein zärtliches Telegramm an Sie beide in der Tasche. Aber ich
geniere mich, es zur Post zu bringen, wo der diensttuende Be-
amte nicht auf Herzensergüsse eingestellt ist, nicht auf Telegramme in solchem Stil. Immer wieder machte ich mich daran,
den Text zu ändern – geschäftsmäßiger, trockener. Und schließlich, nachdem soviel Zeit verstrichen war, gab ich den Gedanken überhaupt auf.
Warum zögern Sie und kommen immer noch nicht, Tizian? Ich
möchte Ihnen telegrafieren – nicht von meiner Liebe und
Treue, das kennen Sie schon auswendig und ist Ihnen längst
langweilig geworden. Ich will Ihnen sagen, daß Sie den Mut

nicht verlieren dürfen, sich selbst vertrauen und durchhalten müssen, ohne die augenblicklichen Mißverständnisse zu beachten. Wie habe ich mich über Ihren Anruf gefreut! Und sogar Nina kam an den Apparat, – danke! Nur die Verständigung war so schlecht. Ihr hörtet mich kaum, aber ich verstand Euch ausgezeichnet.

In den Verwirrungen der jüngsten Zeit * war viel Trügerisches, Irreführendes, Vages. Ich fühlte das gleich.

Niemand hatte beabsichtigt, mich zu attackieren, aber ich beging die Torheit, für andere einzutreten, für Pilnjak und Leonow *. Und ich erlaubte mir, einfach und unverblümt zu sagen, daß mir die Zeitungsartikel nicht gefallen und daß ich sie nicht verstehe. Da war was los! Statt aber in der Zeitung zu veröffentlichen, daß ich eine politische Unbotmäßigkeit begangen hätte (was für mich schwerwiegender gewesen wäre), verringerten sie meine Schuld, und als eine Art Strafe trugen sie mich für eine Fünftagewoche bei den Formalisten ein. Aber auch das nicht länger: es hatte keinen Erfolg.

Ach, wie blödsinnig ist das alles! Ein häßlicher Traum, geträumt von einigen Funktionären der zeitgenössischen Kinderliteratur, und trotz allem Bemühen konnte ich nicht in die Flachheit ihrer Kinderbettchen kriechen.

Wenn in all dem Gedruckten und Gesprochenen eine Spur Wahrheit enthalten ist, dann nur insoweit, wie sie zusammenfällt mit dem gewaltigen Plan der Zeit, mit seiner historischen Unendlichkeit. Wie kann Unendlichkeit zu einem Teil werden, noch dazu zu einem so winzigen des Ganzen, wie jener Kritikergrießbrei es ist, den sie den ganzen Monat lammfromm gelöffelt haben? Das ist die Antwort: diese Wahrheit gelangte nur zu einer trübselig schwachen Lösung; die erschreckende, drohende Wahrheit zermanschten sie in Milch und Spucke.

Glauben Sie den Lösungen nicht, Tizian! Glauben Sie nur jener Linie, die aus dem revolutionären Patriotismus hervorgeht, glauben Sie sich selbst, sich – Tizian Tabidse, denn die Chemie Ihres Geistes erschließt alles auf der Welt – was es auch sei – in viel höherem Grade als das, was in den ›Literaturki‹ und den

›Wetschorki‹* als Wahrheit herausgestellt wurde. Und selbst wenn Sie es nicht wollten, die Revolution öffnet sich durch uns kräftiger und deutlicher, als Sie aus dem aufgedrehten Diskussions-Wasserhahn entnehmen können. Wenden Sie sich nicht an das offizielle Wohlwollen, mein Freund, hoffen Sie nur auf sich! Gehen Sie tiefer mit Ihrem Erdbohrer ohne Furcht und ohne Schonung, aber suchen Sie in sich, in sich. Und wenn Sie dort nicht Volk, Erde und Himmel finden, dann geben Sie die Versuche auf, dann gibt es nirgendwo etwas zu suchen. Das ist klar, auch wenn wir es auf der Suche nach anderen Dingen nicht immer wußten. Und ist das denn wenig? Die Früchte dieser Mühen liegen offen zu Tage.

Sie können ganz ruhig sein. Nicht ich allein vertraue Ihnen und kenne Ihren Wert. Glauben Sie den »Lösungen« nicht. Glauben Sie der Revolution im Ganzen, dem Schicksal, den neuen Regungen des Herzens, dem Schauspiel des Lebens und nicht den Konstruktionen des Schriftstellerverbandes. Ehe Sie einmal geniest haben, ist der schon wieder umorganisiert – das Zeitalter ist wichtig, nicht die Woche des Formalisten.

Ich fühlte mich den ganzen Monat über glänzend. Nur drei Tage lang behinderte mich die Grippe. Paolo war schrecklich froh. Aber er ist ein greuliches Kind, und man hat es schwer mit ihm. In dem Augenblick, wo er vollkommene Häresie vorbringt und man ihn attackieren müßte, wird er plötzlich Medea so erschütternd ähnlich (sie gleichen sich dann wie zwei Wassertropfen), daß einem vor Rührung die Hände sinken. Kommen Sie rasch. Selten war ich so ruhig wie augenblicklich, und kein Tüpfelchen hat sich verändert. Nur aus jenen törichten Versen, die noch vor Minsk* geschrieben worden waren und eben in ›Snamja‹ erschienen, nahm ich die Widmung an Leonidse heraus, aus Furcht, er könne dadurch Unannehmlichkeiten haben wegen einer gewissen Unabhängigkeit des Inhalts.

Aber diese Periode im allgemeinen literarischen Leben und in mir selber ist abgeschlossen. Bei mir war sie schon früher beendet: ich schaffte die Prosa nicht, war seelisch krank, übersetzte. Weiß ich, was weiter wird? Ich weiß es. Aber ich sage es niemandem, vielleicht nur Ihnen, und auch das nur als tiefstes Geheimnis und auf ganz anderer Ebene, nicht auf der, die zu dem Unfug in ›Snamja‹ führte. Das war nur eine einzelne Blindgänger-Explosion, leere Unmotiviertheit, Ausflucht aus dem Befremdlichen.

Aber ich werde arbeiten. So, sagen wir mal, vom Herbst an, wenn ich lebe und gesund bleibe.

Grüße an alle. Küssen Sie Nina und Nitotschka herzlich. Ich umarme Sie mit ganzer Seele. Verzeihen Sie den närrischen Ton des Briefes. Ursache: das wilde Tier bekommt Zähne, aber die Seele ist fröhlich, es treibt sie zu Dummheiten. Und kommen Sie!

Ihr B.

An Tizian und Nina Tabidse   1.10.1936

Meine lieben Tizian und Nina, wieder haben Sie uns so verwöhnt. Ich schreibe aus Peredelkino (wahrscheinlich werden wir hier überwintern). Ich schreibe, obwohl ich Sofja Andrejewna * noch nicht gesehen habe.

Mit welchem Luxus haben Sie uns überschüttet! Ein ganzer Obstgarten mit Wein zweierlei Entwicklungsstadien: einem kindlichen und einem ausgewachsenen. Wie sind wir dankbar für alles!

Und – so vermute ich jedenfalls – Sie hatten den Korb noch nicht fertig gepackt und noch nicht der lieben, unvergleichlichen Sofja Andrejewna auf den Bahnhof gebracht, als Vitja Goljzew bei Ihnen mit den Worten auftauchte: »Ach du meine Güte, bis zu welch unbedarftem Gestammel ist Ihr Borja heruntergekommen.« *

Nein, im Ernst. Haben Sie je etwas der Art gesehen? Sina und selbst Jewgenija Wladimirowna schüttelten nur die Köpfe und weigerten sich zu glauben, daß ich das zum Druck gegeben habe.

Nina, Nina! Tizian, mein Goldener, was ist mit mir geschehen,

Ihr Lieben? Woher dieser wäßrige Kleinmut und woher diese Gemütlosigkeit und Dummheit, bin ich allein daran schuld? Ich sage mir zur Rechtfertigung, daß ich doch verzichtete und wußte, daß bis zur Bewältigung der mich befreienden und lösenden Prosa keine Gedichte in meinem Plan sein werden, lange-lange nicht sein werden.* Ich existiere jetzt nicht in Gedichten, sondern irgendwo weit-weit von ihnen entfernt, abseits. Aber da ist nichts zu machen. Ich erklärte es Viktor. Er ist doch kein Narr, sondern Mensch und Freund, aber – wie mit Erbsen gegen die Wand!

Beruhigt mich nicht, laßt mich lieber mich selbst beruhigen. Tizian und Nina, denken Sie nicht, daß ich wirklich am Ende bin, daß jetzt alles bei mir in dieser Façon gehen wird. Sie wissen, ich schreibe Prosa, vor zwei Tagen habe ich mich von neuem drangesetzt. Eins weiß ich, sie wird lebendig. Hier nämlich wird man die Spuren jenes Lebens finden, das mir seit der ›Zweiten Geburt‹ nicht mehr gelang.

Ja, aber wie konnte ich so einen Hinkefuß, solch leeres Hühnergegacker tuck-tuck-tuck über Georgien von mir geben? Schande, über Paolo so wenig zu sagen!* Habt Ihr Euch wieder in der alten Weise befreundet? Ach, ich wünschte es so sehr! Nachdem ich diesen rhythmisierten Dreck abgeschickt hatte, habe ich ganze Abende über Paolo nachgedacht. Ich dachte an seine Breite, seine Großzügigkeit mir gegenüber in den für meine Seele verantwortungsschwersten Minuten. Welch makelloser Scharfblick eines großen Menschen mit großem Herzen und weitem Horizont! Ob er mir die Windigkeit dieser Zeilen verzeiht? (In ihnen ist nichts Falsches, aber wie *soll* man über ihn sprechen?) Wird er mir mein Geschwätz in diesem Jahr verzeihen? Ach, von was für kleinlichen Aspekten aus beurteilte ich ihn! Ich war nicht »auf der Höhe« und ich bereue: zuviel Landläufiges, nichts von Gewicht. Aber wie konnte ich wagen, ihn an nichtssagenden Kleinlichkeiten zu messen. Ich habe mich nicht verändert, ich weiß: die Revolution ist nicht in der ›Literaturka‹, nicht in den Literatenorganisationen, nicht im Arbeitswettbewerb, sondern in ihren äußersten Konturen und in ihren zentralen Personen. Sie ist einstweilen nur im Allergrößten. Darum ist es auch so schwer: sie wird erst zum Leben, wenn sie auch im Allerkleinsten ist. Und natürlich – sie wird.

Ich habe mich nicht verändert, sage ich; aber plötzlich erinnerte ich mich an den echten Paolo, und ich kann nicht begreifen, was mit mir im Winter los war, und wer mir das Recht gab, in ihm Veränderungen zu suchen und bar jeder Grundlage sie ihm zuzuschreiben. Damals machte mich diese teuflische Diskussion blind. Durch dieses Kultura-Aufklärungs-Betäubungsmittel *vergaß ich, daß ich ihn liebe.*

Und Sie Tizian? Ich stelle mir vor, was Sie empfanden, als Sie vom Wasserfall usw. lasen.* Und das in einem Augenblick, in dem das Erscheinen Ihres Buches ringsum die ganze Luft in der literarischen Welt erfrischt, an Dichtung gemahnt, daran, wie einmal solche Leute, nämlich die Dichter, miteinander umgingen, und daß, wie es gar nicht unwahrscheinlich ist, einer unversehrt geblieben ist, einer im ganzen Verband. Mein Ehrenwort, die Freude teilt sich gerade in diesem Sinne mit.

9. 10. 36

Der Brief liegt und liegt, und ich weiß nicht, warum ich ihn nicht abschicke. Ich war in der Stadt, rief Sofja Andrejewna an, sie war nicht zu Hause, so konnte ich nur bitten, unsere Dankbarkeit zu übermitteln. Messen Sie dem Unsinn, den dieser Brief enthält, keine besondere Bedeutung zu. Bis jetzt gab es vielerlei Aufregungen, und eine gleicht die andere wieder aus. Ich küsse Sie beide und Nita.

Ihr B.

An Tamara Georgijewna Jaschwili 28. 8. 1937

Tamara Georgijewna, meine liebe, arme, teure, was ist nur geschehen! Ungefähr einen Monat lebte ich ganz gewöhnlich wie sonst, und ich wußte überhaupt nichts. Vor zehn Tagen erfuhr

45

ich es, und seitdem schreibe ich Ihnen immerzu, schreibe und zerreiße.* Meine Existenz ist wertlos geworden, ich muß zur Ruhe kommen und weiß nicht, was ich Ihnen sagen und wie ich es sagen kann, daß es Ihnen nicht als idealistisches Geplätscher und pharisäerhafter Dünkel erscheint.

Als man es mir zum ersten Mal erzählte, glaubte ich es nicht. Am 17. war ich in der Stadt und erhielt die Bestätigung der Nachricht. Das Schattenhafte und der Flüsterton waren fort. Die Nachricht packte mich an der Gurgel. Sie unterwarf mich ihrem Befehl, und ihm bin ich noch hörig. Nicht alles, was ich unter der Gewalt dieser schrecklichen Tatsache empfinde, ist ausweglos und todbringend – nicht alles.

Wenn ich mir immer von neuem klar mache, daß ich niemals mehr dieses erstaunliche Gesicht mit der hohen durchgeistigten Stirn und den lachenden Augen sehen, und niemals mehr seine Stimme hören werde, in deren Klang schon die Fülle der Gedanken eingebettet ist, weine ich, wälze mich im Kummer und finde keinen Ort. Mit tausend tief eingeprägten Einzelheiten zeigt mir mein Gedächtnis in allen Wendungen gemeinsam erlebte Episoden: auf den Straßen verschiedener Städte, auf den Fahrten in die Berge und ans Meer, zu Hause bei Ihnen, zu Hause bei mir, auf unseren letzten Reisen, in den Präsidien von Kongressen und auf Rednertribünen. Die Erinnerung verwundet, treibt den Schmerz um den Verlust bis zum Wahnsinn, empört sich im Vorwurf: für welche Schuld wurde ich mit der Ewigkeit dieser Trennung bestraft?

Es geschah am ersten Tag, am 17., daß ihre Unwiderruflichkeit mich reinigte und bis zum unzweifelhaft Elementaren führte, wie in der Kindheit, wenn man sich bis zur absoluten Erschöpfung ausweint und vor Ermüdung plötzlich essen muß oder einschläft. Die Kraft dieses Schlages schleuderte mich weit fort von allem städtischen Getriebe, das kein Recht hat, so laut, so ohne Notwendigkeit kompliziert zu sein, so gewunden gleichgültig in leerer Rhetorik. »Was für ein Unding?« fragte ich wieder und wieder. Paolo? Dieser Paolo, den ich so kannte, daß ich sogar vergaß, wie sehr ich ihn liebe, Paolo, Name meines Entzückens, und alles, was der Durchschnittsmensch A. oder der Durchschnittsmensch B. mit ganzem Ernst mitteilen kann, war in einer Minute vergessen. Aber was bedeutet es für die Zukunft – dachte ich. Sterben muß sowieso jeder von uns, und jeder stirbt seinen eigenen Tod. Das ist es, was man dann sagen wird: dieses der Nachwelt bewahrte Leben endete im Sommer 1937 und bereicherte würdig jene Zeit: Themen, mit denen die Öffentlichkeit sich beschäftigt, Nachrufe in den Zeitungen, Namen der Bekannten. Genauso, wie man zu anderen Zeiten von Perücken und Jabots oder noch früher von der Falkenjagd gesprochen hat.

So war das, ich fuhr aus der Stadt und stieg an der Station Peredelkino aus. Ich wußte, daß, wenn ich zu Hause auf der Terrasse den Mund aufmachen würde, um Sina zu berichten, mir die Stimme brechen und alles von vorn anfangen würde. Unterdessen, auf dem Heimweg, ergab ich mich mehr und mehr, rückhaltlos der reinigenden Kraft des Schmerzes, und sie hat mich weit geführt.

Ich wollte baden. Es dämmerte. Am Ufer, am schattigen Abhang legte ich mich nieder, erholte mich ein wenig von den Widerwärtigkeiten der Fahrt. Plötzlich fing ich bald hier, bald da Züge irgendeiner unvergleichlichen Ähnlichkeit mit dem Verstorbenen auf. Das alles war unbeschreiblich gut und zugleich schrecklich, sich daran zu erinnern. Ich sah Stücke und Ausschnitte seines Geistes und seines Stils: sein Gras und sein Wasser, seine untergehende Herbstsonne, seine Stille, Feuchtigkeit und Geheimnishaftigkeit. So würde *er* es ausgedrückt haben, wie sie aufloderten und sich verbargen, blinzelten und erloschen. Die Stunde des Sonnenuntergangs ahmte ihn nach oder erzeugte ihn neu aus dem Gedächtnis.

Ich dachte auf neue Weise an ihn. Immer hat mich sein Talent entzückt, sein prachtvoller Spürsinn für Bildlichkeit, so selten, nicht nur in der georgischen Literatur, nicht nur in unserer gesamten modernen Dichtung, sondern kostbar in jeder Epoche. Er überraschte mich immer; viele Menschen besitzen Briefe darüber, wie unmeßbar hoch ich ihn stellte.

Aber zum ersten Mal, losgelöst von all dem, was ich für ihn fühlte, dachte ich jetzt an ihn, so wie in der Entfernung von etwas sehr, sehr Großem mir in der schicksalhaften Distanz des Verlustes sich seine absoluten Züge abzeichneten: was er ohne uns war, ohne mich und Tizian und Gogla, was er nicht nur zu unserem Entzücken war und in unserem Wunsch, ihn als Sieger zu sehen, sondern im Gegenteil, unabhängig von unserer Liebe: was er selber war mit Wasser, Wald, Gott, Zukünftigem.

Ist es nötig, das darzulegen? Davon zu sprechen, daß er nach ein paar Jahren der georgische Majakowskij sein wird? Oder wie man sich an ihm als Vorbild begeistern, und wie die junge Literatur an ihm lernen wird, wenn es ihr beschieden sein sollte, sich zu entwickeln? Diese Seite seiner Hinterlassenschaft hat mich nie berührt. Ich bin von etwas anderem durchdrungen, wie schwer es auch auszudrücken ist: davon, wie viel von ihm zurückblieb, indem er es berührte und bei Namen nannte: in den Stunden des Tages, in den Blumen und Tieren, im Waldgrün, am herbstlichen Himmel. Und wir lebten und wußten nicht, mit welcher Kraft er unter uns war, und mit welcher Gewalt er blieb.

Liebe Tamara Georgijewna, verzeihen Sie mir. So darf man nicht schreiben, Ihnen nicht. Poesie, noch dazu stümperhafte, ist hier unangemessen. Trotzdem schicke ich den Brief ab, damit ich Ihnen zum Schluß das einzig Notwendige sage: es zieht mich zu Ihnen und zu Ihrer unendlich kostbaren Medea. Das ist klar und einfach, und Sie wissen es auch so.

Obwohl Sie genug Freunde haben und immer haben werden, zählen Sie auch mich dazu. Wie sehr sich mein Leben auch in der letzten Zeit erschwert hat, für Sie wird mir nichts unmöglich sein. Und wie gerne möchte ich Sie wiedersehen! Ich werde Tizian und Nina bitten, Sie an meiner Stelle zu umarmen, bei Ihnen zu sein und mit Ihnen zu weinen. Noch einmal bitte ich, verzeihen Sie meinen dummen, tölpelhaften Brief. Aber ich weiß selber nichts, nichts. Werden Sie mir einmal schreiben, wenn Sie die Kraft dazu haben?

ganz Ihr B. P.

Verzeihen Sie noch einmal. Ich habe meinen Schmerz an dem Ihren gemessen, oder was noch taktloser ist, von Einzelheiten meines Heimwegs und meiner Gedanken gesprochen.

An Nina Alexandrowna Tabidse   [1938]

Wissen Sie Nina, wie ich mich nach Ihnen sehne? Die Trennung von Ihnen, von Nita, von Ihrer Atmosphäre, von den Gesprächen, die wir hatten – sie ist nur mit dem Kummer um meine Schwestern und die Eltern vergleichbar, die ich seit 15 Jahren nicht gesehen habe.

Ich glaubte immer, Tizian zu lieben, aber ich wußte nicht, welcher Platz, mir unbewußt und außerhalb meines Willens, ihm in meinem Leben gehört. Ich hielt es für ein Gefühl, und ich wußte nicht, daß es eine wunderbare Tatsache ist.

Wie oft haben wir miteinander getrunken, einander unsere Treue geschworen (der arme Paolo natürlich mit eingeschlossen, denken Sie nicht, daß ich ihn je vergessen könnte!), wir stolzierten auf Stelzen, plusterten uns auf! Wieviel Gründe gab es immer, zu fürchten, daß aus dem Märchenhaften *nichts* Wahres herauskäme. Und plötzlich erwies sich alles um soviel feuriger, lebendiger!

Wie schwächlich das klingt! Wie erstaunlich dagegen ist die *wirkliche* Kraft dieser ständigen, saugenden, verrückten Verbindung!

Ich sehe Euch oft im Traum, mal Sie, mal uns alle, mal eine Vision, in der sich die Orte in seltsamer Verflechtung mit meinen Verwandten verbinden. Im letzten Winter, als alles *nur* mit Entsetzen und Leid verknüpft war, erwachte ich oft in Tränen und glaubte, nicht durch meinen eigenen Schmerz sei mir so trostlos zu Mute, sondern weil ich ein Stück Ihrer eigenen Erschütterung und ein Teil Ihrer selbst geworden sei, zehre der Schmerz so stark. Es fällt mir schwer, diese Verrücktheit zu erklären.

Aber jetzt, Gott sei Dank, ist das vorbei. Ich werde Sie nach nichts fragen. Obwohl so unvergleichlich viel geringer als Sie, weiß ich doch zur Genüge, daß Leben Hoffnung bedeutet. Ich weiß, daß in irgendeinem höchsten Plan unsere neue, unter Qualen entstehende, zeitweilig herausgeschobene Vereinigung beschlossen ist mit allen Einzelheiten; unsere Sache ist es nur, dieses Wiedersehen nicht zu verderben, d. h. bis dahin zu überleben. Ich könnte Ihnen ohne Ende darüber schreiben, aber das nützt niemandem.

Ich bin ein bißchen schwerfälliger geworden. Das ist meine eigene Schuld. Mir ist überhaupt wenig Begeisterungsfähigkeit gegeben. Und während der beiden letzten Jahre hatte ich nicht die Kraft dazu – nun, das ist begreiflich.

Genau am Sylvesterabend des neuen Jahres 1938 wurde mir ein Sohn geboren. Sina brachte ihn um Punkt 12 zur Welt beim Klingen der Gläser.

Ich wollte ihn Paolo nennen (dieses Leben geht mir nicht aus dem Hirn, nicht aus dem Herzen, davon brauche ich Sie nicht erst zu überzeugen), aber Sina weinte, so sehr erschreckte sie die Verbindung mit all dem Kummer, der Bitternis und dem unheimlich-rätselhaften Ende; da wich ich auf das Nächstliegende ab und nannte ihn zu Ehren meines Vaters Leonid.

Vom Übrigen wird Ihnen Vitja Goljzew erzählen. Ruhm und Ehre seinem Herzen, daß er sich aufgemacht hat, Sie zu besuchen, sagen Sie es ihm.

Mich verfolgt ein Traum: ich unterschreibe einen großen Vertrag, bekomme einen Vorschuß, fliege auf einen Tag zu Ihnen, verbringe den Tag mit Ihnen; den ganzen Tag höre ich Ihnen zu und erzähle auch von mir, und in der Nacht kehre ich auf die selbe Weise wieder zurück. Aber mit mir schließt man keine großen Verträge ab. Und trotzdem: Wäre es von Ihrer Seite her möglich? Ich weiß nicht, was für Sie jetzt nützlich oder schädlich ist, was vielleicht überhaupt unmöglich ist.

Aber wenn das Schicksal Sie und Nita hierher zu uns in die Lawruschinskijgasse, Nr. 17 / 19, Wohnung 72 verschlüge!! Und was für ein Glück wäre es, wenn Sie mir schrieben. Ich küsse Ihre Hand.

Wenn Sie Tamara Georgijewna sehen, erzählen Sie ihr das alles.

Ihr Borja

An G. N. und J. A. Leonidse   12. I. 1939

Lieber Gogla und liebe Jewfimija Alexandrowna!
Sie haben mich unendlich gerührt durch Ihren Neujahrsglückwunsch, – danke! Ich habe nicht sofort geantwortet, wie es jeder ordentliche Mensch an meiner Stelle getan hätte, weil ich krank und allein zu Hause war. Jetzt bin ich wieder gesund, und mitten im Lärmen der aus den Ferien zurückgekommenen Familie antworte ich, um das Versäumte nachzuholen. Was soll ich Ihnen sagen?
Immer empfand ich Ihr Haus und Ihren Haushalt als etwas Märchenhaftes, die Seele Erhebendes. Sie wissen das. Mich bewegte es wieder, als aus dieser Einheit von Kraft, Schönheit und Glück mir zum neuen Jahr gratuliert wurde. Was soll ich Ihnen wünschen? Daß es immer so bleiben möge, und daß Sie niemals altern. Daß ein einziges Wort oder die Erwähnung Ihrer beider Namen genügen möge, damit sogleich vor dem inneren Auge der Aufstieg nach Sololaki* an einem Winterabend erstehen möge, mit Bäumen und Gebäuden ausgesprochen europäischer Architektur, die das Herz auf Petersburger Art beunruhigt, nicht mit der Unrast der Begeisterung oder Leidenschaft, sondern mit einer neugierigen Unruhe, der Unruhe einer halb schon erratenen Erzählung: hier irgendwo, in einem Fenster (was soll hier die Straße, warum Bäume?), ein junger Name tritt auf, mischt sich in die Geschichte und bleibt in ihr: er ist mehr als nur ein Poet, mehr als nur ein guter Poet, er ist die handelnde Person selbst, die die Phantasie freisetzt, und gerade von ihr erzählen die Märchen.
Ich werde schon alt, d. h. öfter und stärker fühle ich die Begren-

51

zung der mir zum Leben verbleibenden Jahre und Kräfte. Unbehaglich ist die Erinnerung daran, wie wir Sie und Tschikowani in Peredelkino empfingen. Nicht, weil ich mit den Jahren überhaupt immer mehr wie in der Rumpelkammer abgestellt lebe, sondern unangenehm ist mir, daß wir in dieser Zeit unerträglicher Widerwärtigkeiten und Kümmernisse nach wie vor uns bewegen, uns unterhalten, uns anlächeln.

Es heißt, Sie kämen Ende Januar hierher? Das wäre gut! Ich umarme Sie, Gogla, und küsse Jewfimija Alexandrowna die Hand. Ich wünsche Ihnen Gesundheit und Glück und daß Gott Ihre Töchter behüten möge.

Ihr B. Pasternak

Gräßliche Dummheiten habe ich geschrieben. Natürlich nicht vorsätzlich, d. h. ich dachte, es würde etwas Vernünftigeres herauskommen. Aber es liegt wohl daran, daß Sie mich immer zwingen, auf Ihre Kosten zu phantasieren: so sehe ich Sie.

An Nina Tabidse   [1939 / 1940]

Liebe Nina!

Verzeihen Sie, daß ich Ihnen schreibe. Sicherlich besteht gar kein Grund zur Beunruhigung. Vor kurzem, ganz kürzlich drang das Gerücht zu mir, Tizian sei tot. Sie können verstehen, was mit mir geschah. Aber vor einigen Stunden erfuhr ich, es sei eine Falschmeldung, und erhielt Beweise des Gegenteils.

Vor Freude taumelnd, kehrte ich nach Hause zurück, und jetzt schreibe ich Ihnen, weil dieser Glaube zur Gewißheit geworden ist. Aber bestätigen Sie sie mir. Sagen Sie, daß er lebt, telegrafieren Sie oder schreiben Sie.

Nina, Nina, eine Gewißheit müssen Sie mir geben, nämlich, daß Sie bei allem, was der Himmel auch immer schicken wird, wissen und daran denken, daß ich Ihnen und Nita gehöre, daß

mein ganzes Leben und mein ganzer Verstand zur Verfügung
stehen. In jenen drei unglücklichen Tagen, als ich mich bemühte, das schreckliche Gerücht zu glauben, erkannte ich, daß
es für mich nicht nur grenzenlosen Schmerz bedeuten würde,
sondern auch eine Veränderung meines ganzen Lebens, nach
der nicht eine einzige seiner Freuden mich noch erfreuen
könnte, weil ich sie nicht mit ihm würde teilen können. Ich
liebte den Gedanken, daß ich für ihn und er für mich lebt; aber
wenn das geschehen wäre, alles Künftige bliebe ohne Sinn.
Nina, ich weiß nicht, was ich Ihnen schreibe. Aber die Hoffnung verläßt mich nicht.

Ihr Borja

An Nina Tabidse   24.11.1940

Verzeihen Sie, liebe Nina, daß ich Ihnen so lange nicht schrieb.
Vor mir liegt ein angefangener Brief vom 14., aber ich schreibe
einen neuen. Außerdem bin ich in Ihrer Schuld, weil ich nicht
sofort für Ihren letzten Brief gedankt habe. Den Grund schrieb
ich schon auf der Postkarte: ich erfuhr sehr spät von der Ankunft der Andronikows und davon, daß sie einen Brief von
Ihnen mitgebracht hatten.
Jetzt zu dem Brief. Es betrübt mich, Nina, daß Sie sich unnötig
quälen und beunruhigen. Weshalb zerreißen Sie Briefe an mich
und schreiben sie mehrere Male und stellen sich irgendein Ziel
und sind mit dem Ausdruck unzufrieden? Rings um mich sind
kaum Menschen, mit denen ich so einfach und direkt verkehre
wie mit Ihnen. Feste Bande verbinden Sie und mich: Schmerz
und Stolz.
Seit längerem sind Simon und Marijka Tschikowani hier. Wir
trafen uns ein paarmal. Beide sind mir teuer, ich liebe beide,
und wenn sie wollen, können sie Ihnen auf diese Weise und auf
Grund ihrer Beobachtungen viel von Sina und mir und dem literarischen Leben und dem Leben ganz allgemein usw. usw. erzählen. Simon hatte hier einen Abend: großer Erfolg. Sagen Sie

ihnen, daß ich es Ihnen schrieb, – es wird sie freuen, und sie verdienen das Ihnen gegenüber.

Ich gebe Tschikowanis absichtlich nichts für Sie mit außer Grüßen, um ihre Erzählungen nicht zu dirigieren. Sie wissen beide gut, daß Tizian und Sie mir teurer sind als alles auf der Welt.

Ich möchte so gerne mit Tschikowanis und Vitja fahren, um Sie zu sehen. Aber ich fürchte mich, jetzt zu verreisen. Ich gab ›Hamlet‹ ans Theater (das Künstler-Theater führt ihn auf), und jeden Augenblick kann man während der Proben nach mir verlangen, nicht wahr?

Verzeihen Sie, daß der Brief so unordentlich ist: die Hand gehorcht mir kaum, so oft waren wir an den letzten Abenden eingeladen (auch das ist Material für Tschikowani). Sagen Sie ihm, daß ich Ihnen nach dem Abend mit ihm bei Goljzew schrieb, und daß er, Simon, »bei uns jetzt in Mode ist – der letzte Schrei der Saison«. Liebste Nina, ich möchte Sie so gern etwas erheitern, Ihnen irgend etwas Fröhliches erzählen, aber ich habe Kopfweh, und mir fällt nichts ein. Kommen Sie, kommen Sie: ich brauche nichts weiter, als mit Ihnen zu sprechen, zu erzählen.

Leben Sie wohl, mein lieber Freund. Ich küsse Sie. Ich kann Tizian und Sie einfach nicht voneinander trennen, und ich muß mich beherrschen, daß mein Brief nicht wie ein Liebesbrief aussieht und mich lächerlich macht. Leben Sie wohl, lieber Freund.

P. S. Wenn Simon und Vitja anfangen, Ihnen über mich zu erzählen, machen Sie ein hochmütiges Gesicht und sagen Sie: »Ich weiß alles. Er schreibt mir täglich.« Küssen Sie Nita. Ich gäbe einen Teil meines Lebens darum, damit es Ihnen besser gehe. Ich vergöttere Sie.

Ihr B. P.

...Ich bin mit Ljonetschka* in der Datscha, Sina mit den großen Buben in der Stadt. Zweimal wöchentlich fahre ich ge-
schäftlich auch in die Stadt, mit dem Frühzug um 6 Uhr 54, das
heißt, ich stehe zwei Stunden vor Tag auf. Ich schreibe Ihnen
gerade jetzt am Vorabend vor so einer Reise, und darum sind die
Zeilen so eilig und leblos. Übrigens bereitet mir das Herausge-
hen aus dem Haus in die schwindende eisige Winternacht viel
Freude und Entzücken, es erinnert an Kindheit und Schule.
Mehr und mehr belästigen mich Beengungen, Ungereimthei-
ten, mysteriöse Widersinnigkeiten, vieldeutige Unausgespro-
chenheiten, und da ich nicht mehr jung bin, tut es mir hauptsächlich um die dadurch vergeudete, kostbare Zeit leid. Mein
einziger Trost ist das Künstlertheater, das durch seine Vertraut-
heit, Verwandtschaft, Schlichtheit und Subtilität der Atmosphäre gleich hinter Ihnen, Paolo und Tizian stehen kann. Bisher hat noch niemand meinen ›Hamlet‹ verrissen; doch da ich
auf jenem Planeten lebe, auf dem mit Leonid Maximowitsch*
und anderen so Unerwartetes passiert, was hindert dann jemanden von den »Spezialisten« oder Leute irgendeiner anderen Kategorie, die Übersetzung zu einer Vulgarisierung oder Herab-
würdigung Shakespeares zu erklären? So wie sie im vorigen
Jahr mir Idealisierung usw. vorwerfen wollten; von da ist es
nicht mehr weit zur Beschuldigung des Rowdytums. Niemand
hat den Beweis erbracht, daß alle mich verhimmeln, mir Glück
wünschen müßten. Und wenn erst »kritische Stimmen« laut
werden, läßt sich voraussagen, daß auch dies so endet, wie alles
endet. Wirklich, all das landet in irgendwelchen Sektionen, Re-
daktionsabteilungen der Obrigkeit und kürzer gesagt, in der
Gosse, aber nicht im Theater.
Ins Theater fahre ich morgens, zweimal wöchentlich verbringe
ich dort den halben Tag. Ich küsse Sie und Nita herzlich.

                               Ihr Borja...

Nina, alle Wünsche zum neuen Jahr! Ich liebe Sie so sehr, und wenn Sie davon in meinen Briefen nichts spüren, dann, weil ich erschöpft, in Verzweiflung oder in Eile war. Es tut mir sehr leid, daß ich Ihnen vor ein paar Tagen überstürzt und mitten zwischen anderen Dingen schrieb.

Eben komme ich aus der Stadt und schlafe vor Müdigkeit über dem Brief ein, obwohl Sie die ganze Zeit vor meinen Augen sind. Nina, Sie sind für mich ein so *wichtiger* Mensch, daß ich manchmal das Gefühl habe, Sina nur zu lieben, weil Sie es mir erlaubten.

Nach und nach beruhigt sich in der Stadt alles wieder. Ich werde zwar noch lange als Sündenbock gelten, aber im Grunde hat man mir gegenüber eine wundervolle Haltung, und im allgemeinen bin ich natürlich ein sehr glücklicher Mensch.

Ich schreibe Ihnen das, weil ich weiß, daß ich dieses Glück einmal mit Ihnen und Tizian teilen werde, daß wir eines Tages nach allem Durchlittenen zu viert, mit Gästen, irgendwo zu Abend essen werden – delikat, schön, eine ganze Sommernacht lang oder mehrere, wir werden einander bewirten, glücklich, müde, erholt!

Tizian lebt und gar nicht weit entfernt, und immer weniger Zeit bleibt noch abzuwarten. Tizians Persönlichkeit ist in meinem Wesen eingewurzelt, er ist der Gott meines Lebens im griechisch-mythologischen Sinn. Mir scheint, ich könnte nicht so glücklich sein, Sie so lieben, einen solchen Platz in der Zeit einnehmen und so viel für mich von der Zukunft erwarten, wenn Tizian nicht mir *voranstünde*.

Verzeihen Sie, Ninotschka, daß ich so frei phantasiere und mit Schwerem, Heiligem und Lebenswichtigem, wie unser nichterdichtetes Leben es ist, »hantiere«. Ehrenwort es ist nicht Leichtsinn, und ich schreibe unter Tränen.

Vereinen Sie auch meinen heißen Seufzer mit jener Wärme, die

Sie mit Freunden in der Neujahrsnacht atmeten. Möge das neue
Jahr die wirkliche Begegnung bringen.
Ihr Ihnen und Nita und all den Ihren unendlich ergebener

B. P.

P. S. 1941 wird ein besseres Jahr werden. Sie werden es sehen.
Sie nehmen wahrscheinlich an, ich sei betrunken. Aber ich
habe noch nicht mittaggegessen und von heute morgen 6 Uhr
bis jetzt (auch 6 Uhr) überhaupt nichts zu mir genommen.

An Nina Tabidse   6.2.1941

... Sie haben mir von Ihrem Kummer um Nita erzählt. Erinnern
Sie sich, Sie schrieben über ihre Mattigkeit, darüber, daß sie
keine Zukunftsperspektiven sieht. Wenn Sie mögen, schreibe
ich ihr, ohne mit einem Wort zu erwähnen, was ich durch Sie
weiß; ach nein, ich lege einen Brief zu Ihrer Durchsicht bei, es
hängt von Ihnen ab, ob Sie ihn ihr geben wollen oder lieber
nicht. Bei sehr vielen jungen Menschen und gerade bei den besten ist dieses Phänomen heute verbreitet. Die Armen, sie
ahnen nicht, wieviel Mühlsal und wieviel verschiedenartige
Aufgaben auf sie zukommen, und in welcher Buntheit und
Schnelligkeit sie die seltsame und bittere Stagnation einholen
wird, die unser Anteil war...

An Tanit Tabidse   6.2.1941

Liebe Nita!
Wie gerne möchte ich Sie wiedersehen. Wahrscheinlich würde
ich Sie überhaupt nicht mehr erkennen. Aus einem Brief Ihrer
Mama schloß ich – und wenn ich mich irre, verzeihen Sie mir
bitte –, daß die Unklarheit der Zukunft und die Einförmigkeit

der Gegenwart Ihre Kräfte manchmal durch die scheinbare Leere erlahmen läßt. Ich kenne so etwas von meinem ältesten Sohn, darum seien Sie nicht böse, daß ich beschloß, Ihnen zu schreiben.

Nita, man hat Sie gewaltsam von Ihrem Vater getrennt, von *solch* einem Vater, und nun sind Sie herangewachsen und nicht daran zerbrochen. Moralisch sind Sie fast ein ausgewachsener Held. Sie sind Teil heroischer Geschichte, Produkt des Heldentums. Und Sie verzagen?

Alle Ihre Verluste werden Ihnen hundertfach zurückgegeben werden. Und das Wichtigste: wir alle glauben, daß die erste der Ihnen bevorstehenden Freuden das Wiedersehen mit Papa, seine Rückkehr sein wird. Lohnt es sich da, und ist es nötig, über das Übrige zu reden?

Auf jeden Fall müssen Sie wissen: nur die Hoffnung, daß Sie einen Teil Ihrer noch blinden Zukunft erreichen werden – der lebendigen Zukunft: vielfältig, ereignisreich, moralisch gerechtfertigt und grenzenlos im Geistigen –, zwingt uns, die Müden und Alternden, am Leben festzuhalten, es zu bejahen und zu erwünschen in all seinen Ausformungen. Wie fern es auch liegen mag, alles Ferne wird eines Tages nah sein.

Ihr B. P.

An Nina Tabidse   21.3.1941

...es muß Sie befremden, daß ich kein Wort zum Tode von Gaprindaschwili gesagt habe. Das geschah nicht zufällig. Meine Gedanken über ihn sind denen über mich selbst zu ähnlich, obwohl er, der Arme, nicht mehr lebt, ich aber lebe und weiterhin das Anstößige meiner Situation sondiere. So verschieden wir sind, ist uns beiden die seelische Konzentration gemeinsam, jene Tiefe des Blickes, die Fähigkeit und der Wunsch, alles, was uns umgibt, in Bildern zu verdichten, und schließlich die gleiche Nichtsnutzigkeit und Unzeitgemäßheit eines umsonst verschwendeten Lebens.

Nina, ich habe eine Bitte an Sie. Im Sommer kamen Leute von Eurem russischen Theater in Tbilissi und nahmen den Text des ›Hamlet‹ zur Aufführung mit. Können Sie von irgend jemandem erfahren, warum er nicht aufgeführt wird? (Andernfalls hätte man mich zur Arbeit gerufen.)

Schreiben Sie mir, was Sie erfahren können, und schonen Sie mich nicht.

Ein seltsamer Brief, Nina, nicht wahr? Überlegen Sie, ehe Sie antworten. Schreiben Sie keine beruhigenden Phrasen, sondern wenn Sie in dieser Sache Ihre Gedanken haben, teilen Sie sie mir mit. Ich küsse Sie.

Ihr Borja

April 1941

...Vor zwei oder drei Monaten fühlte ich, daß ich so nicht mehr weiterkann und alles in meinem Leben wieder auseinanderwerfen muß. Mit Sina hatte ich mich sehr zerstritten und mich von ihr getrennt. Mich umgaben Genossen – Fedin, Nikitin, Pogodin, Fadejew * –, sie wohnten eine Weile hier, ich erlebte wieder die ganze Wirklichkeit, ihre Bewegung, ihren Ton, die fast unser ganzes Leben kaputtmacht. Dann erkrankte Adik.

Ich habe immer angenommen, daß zwei durch das Leben innig verbundene Wesen für einander nicht nur Ehemann und Ehefrau sein sollen, sondern zu manchen Zeiten auch noch etwas anderes, nicht immer zu Benennendes. Ich weiß nicht, wie ich jetzt zu Sina stehe, außer an Adik kann ich an nichts denken. Die Gefahr, in der sich plötzlich dieses junge Leben befindet, ist die gleiche, die wir durch den Kaukasus schleppten und die Paolo an die Hand nahm, sie wappnet mich auf seltsame Weise, stärkt und treibt mich an, wenn auch unter bitteren Tränen.

Mein desillusionierter Brief damals an Sie war überflüssig. Wenn Gott mir hilft, werde ich mich mit allen Kräften an das Leben klammern und es nicht billig hergeben. Zur Zeit meines Briefes an Sie erhielt ich Antworten auf ihn von den Nachbarn im Eisenbahnwaggon, zufällig. Ich weiß, was für Kümmerlinge jene sind, deretwegen wir uns verweigerten. Ich werde mich noch zeigen.

Wenn es wegen Adik eine Entscheidung gibt und bei der kleinsten Änderung seines Zustands, schreibe ich Ihnen eine Postkarte.

Ich küsse Sie fest. Ihr Borja

An Nina Tabidse 9.5.1941

Liebe Nina!

Innig danke ich Ihnen für den neuen Brief und Gaprindaschwilis Witwe für das Sonett, das mir große Freude bereitet. Hat sie noch eine Abschrift? Sonst schreibe ich es ab, und wenn sie es möchte, schicke ich die Originalhandschrift zurück, obwohl ich sie lieber behielte. Ganz offen gesprochen: der Anfang des Sonetts ist wundervoll, aber die übrigen Teile tragen den Stempel der rhythmischen Konvention, die dieser Form eigen ist, und die nicht einmal Balmont überwand. Nochmal: sagen Sie ihr meine tiefe Anteilnahme und meine große Dankbarkeit.

Ninotschka, wir trafen die beiden Leonidse, und das kam so: ich wußte überhaupt nicht, daß Jewfimija Alexandrowna in Moskau ist, und von Gogla nahm ich an, daß er noch lange bliebe. Ich hatte eilige Dinge zu erledigen und arbeitete auch die Nächte durch. Als ich fertig war, fuhr ich abends nach Moskau. Da stellte sich heraus, daß sie schon am nächsten Tag abreisen würden und um 12 Uhr in der Nacht ihr Abschiedsbankett im Aragwi gäben. Dort trafen wir uns. Lange, lange ist es her, daß wir so ungezwungen, fröhlich und herzlich miteinander waren. Das Souper kostete sicher einige Tausende, aber ihnen war das offenbar schrecklich gleichgültig. Ich fühlte mich wie zu Hause und benahm mich ganz unverschämt, schwatzte heraus, was mir durch den Kopf ging. Es war so schön mit Gogla, er war so einfach und natürlich, und ich fühlte mich deshalb vollkommen glücklich. Meine Verfassung ist so wie im letzten Herbst, ich werde bestimmt das Meine schreiben, und damit bin ich beschäftigt. Irgendwelche ganz zarte Saiten (in der Beziehung zur Kunst und zum Leben), die Sie noch nicht kennen, kamen in mir zum Klingen, belebten mich, so war ich vor meiner ersten Ehe. Grüßen Sie beide Leonidse, ich möchte Sie so unendlich gern sehen und weiß, daß wir uns bald wiedersehen.

Von welchen Gedichten sprechen Sie, Nina? Wann baten Sie darum, sie Ihnen zu schicken? Von mir kam bloß ein Band ausgewählter Übersetzungen heraus, ich schicke sie Ihnen. Darin verdient nur der Abschnitt ›Kleine Nacherzählungen‹ Aufmerksamkeit. Das übrige sind ganz alte Arbeiten (›Prinz von Homburg‹, 1918, ›Hans Sachs‹, 1919 und als gesondertes Buch, schon 1914 gedruckt, ›Der zerbrochene Krug‹).

Nina, unbedingt kommen Sie in diesem Sommer zu uns zur Erholung. Wenn man von Ihnen spricht, fragt Ljonitschka sofort: »Welche Nina, meine?« Um Sie von Nina Fedina zu unterscheiden. Er ist so an Sie gewöhnt, daß er Sie meine Nina nennt. Ich schicke Ihnen sein Bildchen, zeigen Sie es Nita und grüßen Sie sie. Sind Sie wieder gesund? Ich küsse Sie herzlich. Adik wird nicht operiert. Er ist sehr abgemagert.

Ihr Borja

An Georgij Leonidse 20.5.1941

Lieber Gogla!
Wie steht es mit Jewfimija Alexandrownas Augen, und wie fühlt sie sich?
In letzter Zeit habe ich viel an Sie gedacht. Neulich kam Sina auf die Datscha und brachte Ihr Telegramm aus Rostow mit.
Es war sehr lieb von Ihnen. Vielleicht kam Ihnen der Gedanke gerade in der Minute, als ich Nina schrieb und sicherlich von unserer letzten Begegnung erzählte, denn ich erinnere mich, daß ich ihr ein Resumée davon gab.

Von ganzem Herzen wünsche ich Ihnen und allen in Ihrer Familie Gesundheit. Ihnen selbst, scheint mir, ist dasselbe Wetter wie mir günstig. Ich wünsche Ihnen einen Sommer, wie er im Buche steht, damit die Welt noch einmal von Grund auf durchlebt werden kann. Sie haben wie ich viele Freunde, liebe und wertvolle Menschen, aber darunter sind wenig Maler.
Ich drücke Ihnen fest die Hand

Ihr B. Pasternak.

An Nina Tabidse 20. 3. 1942

Liebe Nina! Das Wiederaufleben unseres Briefwechsels ist wie eine Rückkehr nach Moskau oder wie die Rückkehr ins Leben als Ganzes aus einem unbedeutenden, ihm nur benachbarten Teil. Und nun ist es Tatsache!
Wo sind Sie, wo ist Nita, lebt Ihre Mutter, was hört man von Tizian? Wußten Sie, daß Heinrich Gustavowitsch im Dezember in Moskau in die gleiche Lage geriet wie er?* Adik ist seit Ende September im Sanatorium in Nishnij Ufalej im Ural. Tschistopol liegt nicht an der Eisenbahnlinie, und wir sind die ganze Zeit über von ihm getrennt. Es geht ihm sehr schlecht. Er hat offene Wirbelsäulen-Tuberkulose. Sein Bein ist in solchem Zustand, daß es vielleicht amputiert werden muß. Doch wird dieses Opfer, wenn es gebracht wird, ihm das Leben retten? Sina glaubt nicht daran. Für mich, für sie, für alle ist Adik Gegenstand endloser Tränen. Wissen Sie was, schreiben Sie ihm, Ihr Brief wird ihm große Freude machen: die meisten Bekannten schreiben ihm, von hier aus, von Moskau, von Taschkent. Er hat sich sehr verändert, ist tief nachdenklich geworden und schreibt wundervolle Briefe. Selbstverständlich dürfen Sie ihm gegenüber nicht die unbeschönigte Wahrheit in ihrer ganzen Schwärze, wie ich sie Ihnen mitgeteilt habe, erwähnen. Aber in abgeschwächter Form kennt er sie.
Sina und ich werden im Frühling zu ihm fahren. Außerdem muß ich nach Moskau. Welche der beiden Reisen früher statt-

finden wird, weiß ich noch nicht. Adiks Adresse: Adrian Neuhaus, Nishnij Ufalej, Gebiet Tscheljabinsk, Sanatorium Rote Rose.

Sina arbeitet im Litfond * als Wirtschaftssschwester im Kinderheim, dort ist auch Ljonitschka untergebracht. Stassik ist auch hier, im Internat für die Größeren. Gleichzeitig mit mir kamen Leonow und Fedin hierher, etwas früher, noch im Sommer kamen Assejew und Trenjow *. Im Herbst erhängte sich Marina Zwetajewa * in der benachbarten Stadt Elabuga an der Kama. Wenn sie nur noch einen Monat ausgehalten hätte, dann hätten Konstantin Alexandrowitsch [Fedin] und ich ihr die gleiche Existenz verschaffen können, die wir hier führen. Sie hätte genau wie wir unter den gleichen mühsamen Bedingungen gearbeitet, an unseren literarischen Versammlungen und Veranstaltungen teilgenommen und in Tschistopol gelebt, wo man sie nicht registriert hätte und wohin sie aus dem dumpfen Elabuga leicht hätte kommen können. (Übrigens: ich habe hier schon einmal eine Weile gelebt, 1915, alle mir von damals vertrauten Plätze an der Kama und im Ural sind ganz in der Nähe.) Für mich bleibt es ein ewig unlösbares Rätsel, wie Marinas Lage so ausweglos, so ohne Hoffnungsschimmer werden konnte, trotz der Nähe Assejews und Trenjows, die sie als gleichrangig schätzten und als Literaturpreisträger doch großen öffentlichen Einfluß haben. Sie war eine Dichterin mit genialen Fähigkeiten. Ich kannte sie sehr gut und liebte ihr Wesen, ihr Schicksal. Obwohl ich in Moskau war und dies hier an der Kama geschah, und obwohl ich nichts wußte und von allen Verbindungen abgeschnitten war, bin ich dennoch der einzig Schuldige an dieser bitteren Fahrlässigkeit.

Haben Sie vom Tode Afinogenows * gehört? Beide arbeiteten im Informationsbüro und blieben bis zur letzten Minute in Moskau; zusammen mit ihrem Büro wurden sie nach Kujbyschew evakuiert, dann mit Familie nach Amerika zur Arbeit als Rundfunkkorrespondenten abkommandiert. Alexander Nikolajewitsch flog nach Moskau, um die für die Reise notwendigen Papiere zu besorgen. Das war im November. Als er das Gebäude betrat, in dem die Papiere lagen, wurde das Haus von einer Luftmine getroffen, bis auf den Grund zerstört und A. N. kam ums Leben. Erinnern Sie sich an ihn, jung, schön, begabt? Alles lag noch vor ihm.

Jewgenija Wladimirowna ist mit Shenja * in Taschkent, lebt im selben Haus wie die Iwanows. Seit kurzem besucht Shenja dort die Militärakademie. Alle sind wohlauf.

In einem Monat, wenn ich mich in meinen Berechnungen nicht irre, kann ich Ihnen etwas Geld schicken. Aber wenn Sie in großen Schwierigkeiten sind, schreiben Sie es mir sofort, ich besorge es unverzüglich ohne besondere Mühe. Ich küsse Sie und Nita herzlich. Wie lange habe ich an Sie gedacht, ehe ich schrieb.

Ihr Borja

Meine Adresse: Tatarskaja ASSR, Tschistopol, Wolodarskijstr. 75, bei Wawilow

An Tanit Tabidse   1.7.1942

Liebe Nita!

Es ist unverzeihlich, daß ich mich von der Arbeit beherrschen ließ und nicht sofort meiner natürlichen Regung folgte, als ich von Mama diese Freude erfuhr. Nun also, aus tiefster Seele gratuliere ich Ihnen. Die Zeit ist seltsam und hitzig, Nita, man muß knapp sprechen und nur das wichtigste sagen. Ich möchte Ihnen zu Ihrem Festtag ein wenig aus meiner eigenen Erfahrung schenken.

Unsere Zeit hat Vieles geopfert für erhaben klingende und fernliegende Aufgaben, sie wurde leer, kalt und herzlos.

Stehen Sie fest auf der Erde, Nita, lassen Sie sich nicht von irgendwelchen künstlichen Erhöhungen irremachen, was für Bühnen, Podeste und Tribünen es auch sein mögen.

Nur in der Natur und der einfachen Alltäglichkeit ist Neues

und ewig Ungewöhnliches, nur in Arbeit und Dürftigkeit liegt der ganze Erdkreis beschlossen, nur hier eröffnet sich Ihnen die volle Verbindung zum voranschreitenden menschlichen Genius in Kunst, in Geschichte und Wissen.

Lieben Sie die Freiheit; ohne sie kann man nicht reinen Herzens sein. Folgen Sie dem Unmittelbaren, vertrauen Sie der Klarheit des Gefühls, tun Sie nur das, woraus Ihnen Freude erwächst.

Ich fordere Sie nicht zu Prinzipienlosigkeit und Vergnügungssucht auf. Einem anderen hätte ich dies gar nicht gesagt. Ich weiß, zu wem ich spreche. Und wenn ich nicht wüßte, wessen Tochter Sie sind, wäre dies genug. Hören Sie nicht auf Schreier und Großmäuler, mit denen das Leben Sie zusammenstoßen läßt, verbessern Sie sich selbst: Begnügen Sie sich mit den Grundpfeilern, die Kindheit, Familie, Schulfreundschaft gegeben haben und richten Sie sich weiter danach, folgen Sie deren Suggestion.

Der Mensch in seiner Ganzheit ist unendlich viel mehr und besser als jener künstliche Engel, den man aus ihm machen will, und der immer auf dem Prüfstand scheitert, sich unweigerlich als künstlicher Teufel entpuppt.

Ihnen Glück zu wünschen, ist indiskret, dumm und unnütz. Es liegt bei Ihnen selbst, jenseits und oberhalb aller Wünsche, und es ist ein so schweres, persönliches, unantastbares und widersprüchliches Geheimnis, wie es bei uns war, bei allen. Aber Ihnen zu wünschen, was in dieser Zeit gebraucht und in Jahren bemessen wird, das ist erlaubt. Ich wünsche Ihnen und Ihrem Mann Glück im gemeinsamen Schicksal und in der Arbeit und in der gemeinsamen Arbeit daran, jeden Ihrer Schritte redlich und würdig zu tun. Verzeihen Sie mir diesen predigerhaften Ton, sehen Sie darin meinen Segen für Sie.

Stellen Sie mir bitte Ihren Mann vor. Schreiben Sie mir, wie Sie jetzt heißen, stimmen Sie Ihren Mann günstig für mich, indem Sie mich von meiner besten Seite zeichnen.

Ich küsse Sie und gratuliere nochmals.

Ihr B. P.

Liebe Nina!

Wenn dieser Brief Sie noch vor Neujahr erreicht, wünsche ich
Ihnen, daß Sie es gesund und glücklich feiern, und daß bei Ihnen und in Nitas Familie alle wohlauf sind.

Ich kann mir nicht verzeihen, daß ich Ihnen bis jetzt noch nicht
für diese riesige Apfelplantage gedankt habe. Was soll nur daraus werden, Ninotschka?! Ich überweise Ihnen eine Bagatelle
für Zigaretten, falls Sie das Rauchen noch nicht aufgegeben haben, und als Antwort schicken Sie für zwei Tausender Safran-
Rainetten!!

Im Frühherbst erhielt ich von Ihnen einen kurzen Brief. Dann
fuhr ich an die Front. Damals kam, dem Hören-Sagen nach,
ein Telegramm von Ihnen an mich. Aber ich habe es nie erhalten. Solche Sachen können jetzt leicht vorkommen, denn in
diesen Monaten biwakierten wir alle vier, Sina, ich, Ljonitschka und Stassik an verschiedenen und noch dazu wech-
selnden Orten. Sina hauste zuerst bei Pogodins, dann bei Trenjows, ich bei meinem Bruder Alexander Leonidowitsch und
während der letzten zwei, drei Monate bei Asmussens *. Unsere Wohnung in der Lawruschinskijgasse war zur Hälfte zerstört und zur anderen Hälfte von einer Flak-Batterie besetzt...
mühsam, die wieder loszuwerden! Jetzt ist Sina schon seit
einem Monat wieder in der Wohnung (in der unteren Hälfte),
und in ein paar Tagen, wenn der Telefonanschluß da ist, kann
ich auch übersiedeln.

Als ich von der Front zurückkam, war Sina nicht in Moskau.
Sie war nach Swerdlowsk zu Adik gefahren, um ihn hierher
nach Moskau ins Tuberkulose-Institut zu bringen.

Ihre Äpfel kamen am Tag vor ihrer Ankunft, und wir überließen
sie alle Adik, dem Armen. Das Bein ist amputiert, und er ist
schrecklich mager. Bei seiner Tuberkulose gibt es ständig Eite-
rungen. Man muß oft schneiden, Blutübertragungen machen.
Sina ist vor Kummer ganz hager und sehr gealtert.

Jewgenija Wladimirowna und Shenja kamen auch zurück. Er ist

Leutnant, studiert Panzerbau an der Kriegsakademie und ist in guter Verfassung.

...Ninotschka, sagen Sie Gogla, daß die ›Prawda‹ mir zwei Gedichte zum Übersetzen schickte. Das erste fand ich nicht interessant. Das zweite *sehr gut.* Aber übersetzen bedeutet, sich der Seelenlage eines anderen zu unterwerfen, das ist bei dem augenblicklichen verschärften Existenzkampf und der Zwiespältigkeit meiner Situation schädlich, um nicht zu sagen, vernichtend. Möge Georgij Nikolajewitsch mir verzeihen und mir glauben, daß ich mich ihm irgendwann, wenn Gott Leben gibt, mit all der Aufmerksamkeit und Liebe widmen werde wie früher.

Aber jetzt zu Ihnen. Schreiben Sie mir, Ninotschka. Natürlich ist es egoistisch und habgierig von mir, zu wollen, daß Sie gesund und kräftig sind und lange leben. Aber erstens erlege ich mir selber die gleichen Mühen auf und möchte, daß wir in diesen Anstrengungen einig sind. Zweitens: alles Unbeschreibbare und Unerhörte, das auf unseren Schultern liegt, alle uralten goldenen Freuden und alle Rätsel, Tragödien und Mißverständnisse, all das geschieht um der Menschen willen, wegen der zahllosen jungen Leute, von denen wir eines Tages erfahren werden, was wir nicht wußten, und denen auch wir viel werden erzählen müssen. Und bis dahin müssen wir überleben, Nina.

Sie sind mir – vielleicht gefällt Ihnen diese Gleichheit – ein so naher und teurer Mensch wie meine allernächsten Verwandten. Sie sind Glied meiner Familie, und es ist um so frevelhafter, daß ich für Sie nicht sorge. Noch einmal: auf ein neues Jahr. Ich küsse Sie und Nita.

Ihr Boris

Mein lieber Freund Nina, ich küsse, küsse, küsse Sie. In meinem Brief bat ich inständig um Verzeihung dafür, daß ich so weit fort von Ihnen bin in dieser in ihren Ausmaßen, ihren Sorgen und möglicher Hilfe so schweren Zeit. Und auch dafür, daß Sie sich noch für uns verschwenden, so großzügig, wie nur Sie es verstehen, törichte Seele – wie kann man so etwas erlauben und nur daran denken. Und kaum hatte ich Ihnen das geschrieben, da schicken Sie eine ganze Warenkarawane. Und kaum hatte ich mich von dieser Ohnmacht erholt, da kam ein Bote mit Tee und einem Pud Weinbeeren und Champagner von Ihnen! Ich konnte nicht mit gehörigem Anstand der Person danken, die so gütig diese Lasten bei den jetzigen unbequemen Reisebedingungen nach Moskau geschleppt hat, weil Sie den Namen des Professors nur unvollständig aufgeschrieben hatten und der Bote aus dem Hotel den Familiennamen nicht kannte. Der Professor wird mich für einen undankbaren Flegel halten. Genauso Unangenehmes wird Ihnen wahrscheinlich auch Weriko Andshaparidse über mich erzählen, neben der ich, wie sich später herausstellte, im dunklen Theater saß. Ich arbeite in letzter Zeit sehr intensiv, dadurch verlor ich auch das Glück und die Möglichkeit, Ihnen zu schreiben. Ich bin oft übermüdet. Das macht äußerlich älter und wirkt sich als Zerstreutheit aus. So sah mich Weriko. Ich erkannte sie nicht gleich, und als ich sie erkannte, fiel mir der Name nicht sofort ein. Das alles muß einen mehr als albernen Eindruck gemacht haben. Und sie hat das Recht, beim Wiedererzählen noch zu übertreiben.
Und dann erlauben Sie mir, meinen ganzen Egoismus walten zu lassen, auf den ich ein Recht habe. Tizian ist für mich das beste Bild meines eigenen Lebens, meine Beziehung zur Erde und zur Dichtung; in meinem glücklichsten Traum geträumt, ist er für mich fast das gleiche wie für Sie. Als ich aus Ihren Zeilen entnahm, daß er lebt, war ich einfach nicht imstande, dieses Glück zu glauben. Es ist meine Pflicht, dies einzugestehen. Mehrmals in den letzten Jahren und vor allem in den Kriegswintern,

schien es mir – und ich fand mich mit dem Gedanken ab –, daß
ich in einem großen, großen Gebäude, Welt genannt, lebe, in
dem er nicht mehr ist. Dadurch hat die Wirklichkeit sich für
mich vollkommen verändert. Mit diesem Bewußtsein begann
gerade das, was Weriko in mir bemerken konnte.

Ich bin kälter geworden, männlicher, klarer. Aber das hat nicht
nur schlechte Seiten. Der Schmerz disziplinierte mich. Wäre
dies im Kaukasus geschehen, würde ich sagen, das Fältchen der
Rachsucht legte sich auf mein Gesicht und trocknete es ganz
allmählich aus. Aber wie ich ein anderer geworden bin, bin ich
auch durch die Art meiner Tätigkeit unter die Wirkung einer
besänftigenden Kraft geraten, teilhaftig der Allverzeihung und
umgekehrt. Die Bejahung dieses Verlusts fügte mir ein Quent-
chen moralischen Wachstums hinzu, machte mich schweigsam und tätig, ich bin fast zu einer Art »barmherzigem Bruder«
geworden, verzehrt von Arbeit und mürrisch.

Wenn das, was Sie schreiben, irgendwelche Wahrscheinlichkeit
besitzt, so ist das Glück oder die göttliche Gnade noch grenzen-
loser als die, die mich ohnehin schon auf jedem meiner
Schritte verwundert. Ich habe ganz einfach noch nicht die
Kraft, sie aufzunehmen, bin darauf nicht vorbereitet.

Nina, Liebe, verzeihen Sie, daß ich Ihnen das schreibe. Es ist
ungeheuerlich, lebendiges Fleisch in Stücke zu reißen. Ihres,
meins und in irgendeinem Sinne seins. Schrecklich ist auch,
daß ich es mir erlaube, darüber wie im Fluge, Hals über Kopf zu
schreiben. Aber das deshalb, weil *trotz allem* sein und Ihr Leben einen Platz in der Geschichte und in der Natur hat, nach
allem, was getan wurde, nach allem, was erschien – es ist ein
Poem. In jeder beliebigen Variante, und unter jeder beliebigen
Bedingung! Und mein Leben. Und trotz allem weint das Leben
vor Glück oder auch vor Kummer. Verzeihen Sie, Ich umarme
Sie innig.

Ihr Borja

Lieber Simon!

Ich habe Ihre wundervollen Arbeiten bekommen: ›Zweifel‹, ›Gwanza‹, ›Schwalbennest‹ und ›An Washa Pschawelas Kamin‹. Chitarowa* gab mir die Gedichte. Ich möchte sie übertragen. Wenn ich es kann, und wenn sie fertig sind, benachrichtige ich Sie.

Sie wissen, daß, trotz allem, Gedanken Sie zu besuchen mir nicht fremd sind, aber erst in ein bis eineinhalb Monaten, auf den November zu. Wenn ich fahren würde, dann nicht nach Tbilissi, sondern irgendwo in die Gegend von Zinandali oder Likani und ganz bestimmt mit Sina und Ljonitschka – Sie sehen, welche Prätentionen, und wie schrecklich wäre es, wenn hinter dem allen nicht so wenig Wahrscheinlichkeit stünde. Wahrscheinlich werden sich die Dinge so komplizieren, daß weder Sina noch ich uns aus häuslichen und anderen Gründen die für eine Reise notwendige Zeit abknapsen können. Auf jeden Fall, es ist unser Traum, und wenn er sich realisieren läßt, dann erst, wenn ich die Übertragungen nach Chitarowas Rohübersetzungen fertig habe; und in dem Monat bei Ihnen allen werde ich mich mit eigenem beschäftigen oder lesen oder gar nichts tun...

Noch einmal danke ich Ihnen und Marijka warm für alles. Küssen Sie Nina, Georgij Nikolajewitsch und Jewfimija Alexandrowna, und sagen Sie auch bitte Grischaschwili und Tschitschinadse, daß ich mit Freude und Dankbarkeit ihre ausgezeichneten Bücher erhielt und außerdem Honorar für die Grischaschwili-Übersetzung. Ich umarme Sie herzlich

Ihr B. P.

An Simon Tschikowani   3.8.1945

Lieber Simon, ich schreibe diese Krakeleien eigentlich mehr
aus Koketterie mit der linken Hand! Die rechte ist, Gott sei
Dank, beinahe wieder gesund. Eben habe ich das Konzept vom
›Heinrich‹* beendet. Wegen der Krankheit der rechten Hand
mußte ich die Arbeit linkshändig schreiben. Jetzt geht es an
die Reinschrift (nach den Überarbeitungen stimmen Konzept
und Reinschrift bei mir nie überein, sind ganz verschiedene
Texte). Es wird wohl noch zwei Wochen dauern, bis ich mich
ausschließlich mit Barataschwili* beschäftigen kann. Eine
Gruppe Eurer Akademiemitglieder sandte mir ein unglaublich
rührendes, unverdient schmeichelhaftes Telegramm. In vor-
nehmer Bescheidenheit wollen sie anonym bleiben. Aber wahrscheinlich wissen Sie, wer beteiligt war. Danken Sie ihnen von
ganzem Herzen für die erwiesene Ehre. Sina war ganz und gar
entzückt und wiederholte immer wieder: »Das sind echte Edel-
männer! So eine Hochherzigkeit!« Lieber Simon, so sehr gern
Sina mit mir und den Kindern Sie besuchen möchte, es wird
sich kaum verwirklichen lassen. Nicht einmal allein, wenn die
Hand nicht schlechter wird, was Gott verhüten möge (jetzt ist
sie ziemlich gut), kann ich nach Zchaltubo kommen. Die Reisebedingungen sind zu ungünstig, und der Weg verschlingt zu
viel Zeit. Zu vieles ist ungeordnet: Arbeit, Sorgen, Scherereien
– zu begrenzt sind meine Kräfte, und ich weiß nicht, woher ich
mehr nehmen soll.
Aber eine Reise nach Georgien wäre für mich gleichbedeutend
mit äußerster produktiver Befreiung, eine Fahrt zu Euch ist für
mich eine Reise nach innen, d. h. mein ewiger Künstlertraum,
auf dessen Verwirklichung ich nicht verzichte. Er wird nur um
ein Jahr hinausgeschoben.
… Wenn es Ihnen möglich ist und wirklich keine Mühe macht,
schließen Sie bitte für mich einen Vertrag mit ›Zakgis‹ über die
Übersetzung von Barataschwili ab, nehmen Sie 25 % Vorschuß,
die Hälfte davon lassen Sie unter irgendeinem Vorwand Nina
Tabidse schicken, aber so, daß sie nicht erfährt, daß das Geld

71

von mir kommt. Die andere Hälfte überweisen Sie bitte an mich per Post oder telegrafisch. Verzeihen Sie, Simon, es ist eine Schweinerei, daß ich Sie damit belaste, aber Sie kennen mich schon von dieser üblen Seite, und noch schlechter kann ich in Ihren Augen sowieso nicht mehr werden.

Erfüllen Sie meine Bitte, wenn es möglich ist, vor allem Ninas wegen. Ich danke Ihnen warm für die einführenden Worte zu Barataschwili. Es ist genau das, was ich unbedingt brauche. Grüßen Sie auch Nina, Kira *, Nita und Natalija Georgijewna *! Ich fühle mich gut, bin in hervorragender Stimmung. Umarmen Sie in meinem Namen Leonidse und grüßen Sie Jewfimija Alexandrowna herzlich.

Immer Ihr B. P.

An Simon Tschikowani 9.9.1945

Lieber Simon!
Ich bekam Ihr Telegramm wegen des Geldes. Wenn die Lage nicht wirklich sehr kritisch gewesen wäre, hätte ich Sie nicht damit belästigt (die Hand ist wieder gesund!).

Vom ›Heinrich‹ bin ich jetzt frei, ich übertrug zwei Sachen von Schewtschenko, und seit zwei Tagen arbeite ich an Barataschwili. Er wird gelingen, das sehe ich schon jetzt. Ich sah die früheren Übersetzungen durch (Moskauer und Leningrader Ausgaben) von Spasskij, Losinskij * und anderen zusammengestellt (ausgesucht übrigens von Gaprindaschwili – dem Prachtskerl). Der Versuch, eine rhythmische Kombination aus allen Wörtern der Rohübersetzung herzustellen, ist schon ausgeführt und braucht nicht wiederholt zu werden. Daraus müssen nun russische Gedichte gemacht werden, wie ich sie aus Shakespeare, Schewtschenko, Verlaine und anderen gemacht habe, so verstehe ich meine Aufgabe. All diese Literaturwochen, kollektiven Leseabende, die gelehrten Aufsätze über die Wiedergabe georgischer Dichtung und dann diese Wiedergaben selbst sind doch nur ressortmäßig bedingte Äußerungen, begründet auf wechselseitiger Höflichkeit, und für den Leser unerträglich. Man muß, wenn möglich, etwas Leichtes, Frisches, Eindeutiges geben. Das erscheint vielen anfechtbar, sie sagen – es ist zu frei für Barataschwili, aber mich schreckt das nicht.

Am Montag habe ich begonnen, und ich bin mit dem Gang der Arbeit zufrieden; sie bringt mich nicht von dem ab, was ich in den letzten Jahren schreibe, im Gegenteil: Barataschwili erweist sich insofern dankbar, als ich einige Schritte weiter in meiner eigenen Richtung tun kann. Ich komme rasch mit ihm zurecht. Übertrage der Reihe nach, Stück für Stück, und glaube, daß ich Ihnen in einer Woche die Hälfte des Bandes schicken kann. Übrigens traf ich M. P. Malyschkina, Balaschows Frau, auf der Straße und gab ihr die ersten acht Seiten des Manuskripts mit und bat sie, sie Ihnen durch Shgenti, den sie treffen werden, nach Batum zu senden. Heben Sie die acht Seiten gut auf in der Erwartung des Restes, der schon für ›Zakgis‹ der Reihe nach numeriert ist. Wenn das Bändchen zum Jubiläum erscheint, können Sie dann nicht etwas in die russische Zeitung setzen lassen?

Auf Wiedersehen, Simon. Ich küsse Sie herzlich. Grüßen Sie Marijka, Nina, Gogla, Jewfimija Alexandrowna und die anderen.

Ihr B. P.

An Simon Tschikowani 24. 9. 1945

Lieber Simon! Heute schickte ich Ihnen einen ganzen Haufen: als eingeschriebenen Brief Barataschwili, ein Telegramm, daß er unterwegs ist, und jetzt die Postkarte. Ich hielt ›Georgiens Schicksal‹ in der Moskauer Ausgabe gleich für sehr gut. Der verewigte Valerian* machte sie unter dem Zeichen des ›Gefangenen im Kaukasus‹ oder der ›Fontäne von Bachtschissarai‹*, so hätte es von uns niemand gekonnt. Die Einleitung von Antokoloskij* ist nicht schlecht. Muß ich da noch etwas machen? Es würde mich Zeit und Mühe kosten. Vielleicht genügt das Bisherige? Telegrafieren Sie mir rasch, was Sie meinen.

Ihr B. P.

An Nina Tabidse 1.11.1945

Liebe Ninotschka! Sehen Sie, was für ein Geizhals ich bin – ich schreibe Ihnen nicht auf Tizians Papier*. Ich bin so tief in Ihrer Schuld. Erstens: ich habe Ihnen nicht in gehöriger Weise für Ihre Geschenke gedankt und im Abreisetrubel deren Menge und Vielfalt nicht genügend gewürdigt. Als ich zu Hause auspackte, erschrak ich. Scham hat mich schier verbrannt. Denn alle Kopeken, die ich Ihnen dortließ, haben Sie ja für diesen Luxus wieder ausgegeben, der Sina zu Tränen rührte und Ljonitschka vor Freude und Dankbarkeit hüpfen und springen ließ. Wie konnte ich in der Eile nur so nachlässig sein und Ihnen nichts darüber sagen! Wirklich, wirklich, nicht nur mein Gewissen ist schwer, ich bin auch überzeugt, daß Sie in der Tiefe Ihrer Seele mir gram sein müssen und erbittert über meine Zerstreutheit und Unaufmerksamkeit in den letzten Tagen. Zweitens: als ich am 29., am Montag im Laufe des Tages erfuhr, daß wir noch nicht fliegen (Sie erinnern sich, es war nach der Nacht bei Leonidse), stand für mich fest, den letzten Abend in Ruhe für mich zu verbringen, und auf jeden Fall Sie noch zu sehen. Aber dann kam es so, daß man mich mit Gewalt nach Saguramo* entführte, und in Saguramo und in Tbilissi blieb ich bis 3 Uhr nachts hängen. Bis zur Abfahrt zum Flughafen waren es noch zwei Stunden. In Saguramo war ich als komplette Leiche angekommen, aber froh über die Fahrt. Auf dem Rückweg sang Jewfimija Alexandrowna viel und lehrte mich ein herrliches, wie ein Labyrinth ineinander verschlungenes mingrelisches Lied, das ich die ganze Zeit über singe, wenn ich an Jewfimija, an Sie und an diese märchenhaften beiden Wochen denke. Nochmals: es tut mir so leid, daß ich Nitotschka nicht in der Stadt getroffen habe. Grüßen Sie sie.

Was soll ich Ihnen jetzt sagen, Nina? Nun war ich bei Ihnen, und alles, was ich fühlte und vor langer Zeit schon begriffen hatte, hat sich bestätigt, hat sich vereinfacht und verstärkt: der Besiegte erwies sich als Sieger. Das Seltene wurde zum Einzigen. Ich wiederhole, was ich Ihnen sagen mußte: Drei Kräfte verbinden mich mit dem Leben – Georgien, England und meine russische Zukunft, nicht aber mein jetziges Leben in Moskau, nicht meine gegenwärtigen Verhältnisse. Als ich in Saguramo als Antwort auf irgendwelche freundlichen Worte von den Meinen sprach, von Sina und den Kindern, hielt ich es nicht aus und mußte weinen, nicht wegen der Trennung von ihnen, sondern weil mir bewußt ist, in welch schwieriges Dasein ich alle zwänge, deren Leben mit meinem verbunden ist. Ich beschreibe Ihnen meine Rückkehr. Ich flog niedergeschlagen, gereizt ab, schrie R. an und war scheußlich grob mit M. Was bedeutete ihnen schon die Abreise? Nichts weiter als ein Hotelwechsel. Aber ich hatte mich mit blutendem Herzen von Ihnen losgerissen und von den beiden mir nahen und lieben Familien Goglas und Simons und von der Stelle auf dem Asphalt gegenüber dem Hotel, wo Simons »Wyllis« lange stand, Jewfimija sang, und wir Abschied nahmen. Der arme Stepanow und ich bekamen keine Sitzplätze im Flugzeug, wir saßen auf den Koffern, und diese Weiber borgten fortwährend Geld von mir und kauften gierig alles auf, was es unterwegs nur gab; und später mußten sie all das Zeug wieder erbrechen.

Ich kam an, hatte Sina kein Telegramm geschickt. Sie war in Peredelkino, Stassik im Konservatorium, ich hatte keinen Wohnungsschlüssel, ließ das Gepäck bei den Nachbarn und ging zu Shenja an den Twerskoj Boulevard. Dort war Gesellschaft. Shenja mußte zum Wecken im Lager sein. Ich spazierte durch Moskau mit dem mingrelischen Lied in der Seele und in jene Traurigkeit versunken, die einen in der Jugend befällt bei gewaltsamer oder vorzeitiger Trennung von lieben Menschen oder Orten. Ich ging und dachte: »Warum bin ich weggefahren?« Oder besser, ich ging und erkannte, daß ich nach Moskau nur dem Anschein nach zurückgekommen war, nur mit den Beinen; Seele und Herz waren auf dem Fleckchen nächtlichen Asphalts, dort, wo wir ganz nahe bei Ihnen, gegenüber dem Hotel zu fünft mit den beiden Tschikowani und Leonidse Abschied nahmen.

Ich schreibe aus Peredelkino, wo ich eben angekommen bin. Alle sind gesund, danken und grüßen. Sina fuhr in die Stadt wegen der Reparaturen (sie sind immer noch nicht fertig). Auf der Datscha haben wir überhaupt kein Holz, und gerade, als ich Ihnen zu schreiben begann, versagte auch die Elektrizität. Aber alles wird sich, deo volente, regeln. Morgen nehme ich meine gewöhnliche Arbeit wieder auf, beginne mit ›Macbeth‹ oder ›King Lear‹. Mir war so wohl bei Ihnen in Tbilissi. Wenn ich ärgerlich war, daß es Nacht für Nacht Bankette gab und keine Zeit zum Ausruhen blieb, so nicht wegen der Gesundheit – ich habe mich zum rechten Nachtvogel entfaltet und alles prachtvoll ausgehalten –, sondern weil ich öfter allein sein wollte, und ich wollte doch auch, auf den eigenen Abenden wie in den Gesprächen mit den Freunden, wirklich etwas *geben*. Statt dessen überschwemmte mich eine ganze Welt von Eindrücken, ich badete sozusagen die ganze Zeit über in einem Meer von Wärme und konnte nichts zurückgeben. Jetzt habe ich deswegen verspätete und unfreiwillige Gewissensbisse.

Ich glaube, daß ich mit Gottes Hilfe im Frühjahr wieder zu Ihnen kommen werde. Ich kann es machen, wenn ich im Winter tüchtig arbeite; ich bereite eine erweiterte und vervollständigte Shakespeare-Ausgabe vor und werde ein Programm mit neuen eigenen Sachen an einigen großen Abenden in Leningrad, Moskau und bei Euch geben. Wünschen Sie mir das gehörige Sitzfleisch und erfolgreiche Winterarbeit. Nochmals danke, mein lieber Freund, für alles, was mir unser Zusammensein gegeben hat, dafür, daß es ein Winkelchen auf der Erde gibt, wo man abends unter einem schattigen Baum zu einem Fenster hinaufjauchzen kann: »Nina!« und in der Minute, bis das Fenster sich öffnet, das Gefühl sich ins Unermeßliche weitet.

Wahrscheinlich schreibe ich heute noch an Simon und Gogla, grüßen Sie einstweilen alle und küssen Sie alle.

Ihr Borja

An Simon und Marijka Tschikowani 5.11.1945

Meine lieben, lieben Freunde Simon und Marijka. Ich wollte den Brief interessant für Sie machen, Simon, und meine Übersetzungen von ›Zweifel‹* beilegen! Aber weiß der Himmel, was in den letzten Jahren mit meinen Konzepten geschieht. Ich werfe nur die Hälfte weg, die übrigen bewahre ich nicht richtig auf, und die Reinschriften bleiben in den Redaktionen. Mit einem Wort: in meinem Papirassen war ›Zweifel‹ nicht zu finden. Man sucht jetzt in der Redaktion der ›Literaturnaja gaseta‹, und ich schicke Ihnen die Übersetzung nach den Feiertagen, sowie ich sie bekomme. Genauso steht es mit ›Irdische Weite‹*, sie ist nicht aufzutreiben. Krutschonnych* sucht sie für mich antiquarisch.

In Gedanken steht Ihr Haus vor mir, Ihre lichten, hellen Zimmer; wie in drei Flußarmen fließt das herrliche Panorama der Stadt auseinander. Mich ergreift plötzlich der Sinn Ihres klugen, talentvollen, in seiner Bescheidenheit überzeugenden Lebens. Der Surabtschik* neigt den Kopf, kneift die Augen zusammen und zirpt trillernd drr... allo, und mein Herz zieht sich in Kummer zusammen, daß ich das alles sah und zurückließ.

Diese Reise hat uns unendlich viel näher gebracht, ich verhehle nicht: mir war es immer schwer, meine uralte Anerkennung für Sie und die sich zwischen uns anbahnende Freundschaft mit jener *mechanischen, einstudierten, frohgemuten Begeisterung* zusammenzubringen, die sich so sehr von unserem gemeinsamen Kreis unterscheidet... ich bin sehr froh... daß Sie so ein markanter, wirklicher Künstler sind, und wir einander nah sein müssen.

77

Das Schreiben dieser Zeilen hat mich auf seltsame Weise erregt. Ich möchte noch ganz nachdrücklich und im einzelnen Ihnen für die Sisyphus-Arbeit und die zahllosen Mühen danken, die vor allem Sie bei unserem Aufenthalt auf sich geladen haben, und dafür, daß Sie meinen Besuch bei Ihnen so hinreißend fröhlich und kostbar gemacht haben. Sie sollen wissen: es gibt auf der Welt nur wenige, denen ich so heiß und mit aller Kraft den verdienten Erfolg und Glück wünsche wie Ihnen und Marijka. Umarmen Sie bitte den guten Sergo *. Alles, alles Beste Ihren lieben Hausgenossen. Ich küsse Sie.

Ihr Boris

An Simon Tschikowani   9.11.1945

Lieber Simon!
Während ich die Übersiedlung in die Stadt vorbereitete, Papiere sortierte, fand ich sofort ›Zweifel‹. Ich weiß nicht mehr, ob dies die endgültige Fassung ist, und ich habe keine Rohübersetzung, um zu prüfen, ob ich nicht zu viele Fehler gemacht habe. Ein paarmal habe ich sicherlich vereinfacht, absichtlich, konnte nicht anders, es geht mir jetzt mit allen Übersetzungen so. Mein Ziel ist kompositorische Klarheit und Leichtigkeit der Sprachbewegung, ihm widme ich jetzt mehr Aufmerksamkeit als der Rücksicht auf das Bildhafte, die Emotion und andere Einzelheiten. Wir sind immer offen zueinander gewesen, so werden Sie mir natürlich schreiben, wenn die Übertragung Ihnen nicht gefällt (vor allem in der Strophe über Washa Pschawela habe ich wahrscheinlich nicht richtig übersetzt, aber, wie ich schon sagte: ich kann es jetzt nicht kontrollieren). Wenn es Ihren Wünschen nicht widerspricht, geben Sie es Kornejew für die ›Sarja wostoka‹.
Im Brief an die Kuftins habe ich meinen Besuch bei Ihnen als Mysterium bezeichnet. Ich kann kein passenderes Wort finden, um jene Woge von Liebe und Schmerz zu kennzeichnen, die mich bei der Erinnerung an diese Tage überkommt. Unbedingt

muß ich im Frühjahr wiederkommen. Grüßen Sie Nina, Leonidse, alle noch dagebliebenen Moskauer und Gudiaschwili –
ihn und sie –, ich küsse Sergo und alle die Ihren. Ich umarme
Sie

Ihr B.

An Nina Tabidse 24. 1. 1946

Liebe Nina!
Was gibt es Neues von Tizian? Sie haben sich bestimmt gewun-
dert, daß ich Ihnen nicht schreibe! Sie können sich nicht vorstellen, in welcher Hast und wie angestrengt ich an meinem
Roman arbeite, der vielleicht, wenn er gelingt, würdig ist, auf
Tizians Schreibpapier übertragen zu werden. Ich habe ihn in
Gedanken von Anfang an Tizian gewidmet (ich weiß nur nicht,
ob ich berechtigt bin zu schreiben: »Für Tizian Tabidse« oder
ob ich schreiben muß: »Im Gedanken an Tizian Tabidse«).
Was für ein Wunder! Was für ein Glück!* Wenn er da ist, müssen Sie unbedingt mit ihm zu uns kommen, das wird das Beste
sein, denn für mich wäre es sehr viel schwieriger, sofort zu Ihnen hinzustürzen. Nina, Nina, es ist ja so unglaubhaft: nicht
ein Mensch kehrt zurück, sondern Himmel, Erde, Jahre!! Ich
bin vor Telegrafenapparaten und vor den Telegrafistinnen
immer irgendwie scheu, und darum kann ich Ihnen meinen
ersten überglücklichen Aufschrei nicht auf diese Weise übermitteln.
In der Neujahrsnacht ist Ljonja auf die Welt gekommen, und
deshalb haben Asmussens eine Kinder-Jolka* arrangiert ohne
Prunk, ohne interessante Gäste, die hätten ohnehin Pracht und
Lärm der Sylvesternacht Sina und Ljonja opfern müssen. Ich
blieb die ganze Nacht bei Valentin Ferdinandowitsch, schlief
zu Hause ein wenig und wusch mich dann (Sina hatte mit
Ljonja bei Asmussens übernachtet und kehrte mit ihm heim,
als ich mich eben wusch) und verkündete: Freude über
Freude!

Tizian lebt! Es ist Nachricht von ihm gekommen. Und siehe da: Jewgenij Dmitrijewitsch Spasskij * hockte mit dieser Nachricht bei uns.

Damit begann mein neues Jahr. Als Sina mir berichtete, mußte sie weinen, und auch ich heulte los. Nun, jetzt wird man sich wahrscheinlich mit Geduld wappnen müssen. Gerade das ist es, was mir in den glücklichsten Augenblicken der letzten Jahre fehlte, und dabei ist es alles, was ich im Leben brauche. Es ist mir peinlich, zu gestehen, daß ich diese unmäßige Freude sogleich praktisch erklären wollte, als himmlisches Zeichen oder als Segen für meine neue Arbeit auf Tizians Schreibpapier. Denken Sie bloß, wie seicht und utilitaristisch! Was soll ich Ihnen sonst noch sagen, wenn ich doch jetzt nur ungeduldige Fragen an Sie habe.

Schluß mit dem Brief. Ich umarme Sie und Nita fest. Wenn Sie in dieser Zeit des Wartens irgend etwas ablenken kann, hätte ich komisches Material bei der Hand, nutzen Sie es nach Belieben. Die kleine Bibliothek des ›Ogonjok‹ (Sie kennen diese weißen Büchelchen) gibt meinen Barataschwili heraus. Die Redaktion bat mich, eine Einführung dazu zu schreiben. Aber aus bitterer Erfahrung, die ich mit all meinen Aufsätzen machte, weiß ich, daß jegliche Präsenz von Gedanken nur Einwände, böswilliges Getratsch und Verbote heraufbeschwört. Um das Erscheinen des Bändchens nicht zu verzögern, befreite ich mich von diesem Ärgernis und brachte es fertig, eine ganz banale Biographie zu schreiben, bar alles Individuellen und jeglichen Gehalts. Von dieser Seite kennen Sie mich noch nicht, und Sie werden staunen, zu welcher Plattheit ich fähig bin. Also, wenn er Ihnen die Zeit vertreiben kann, schicke ich Ihnen den Aufsatz. Sie können ihn auch Simon und Gogla zeigen, damit sie etwas zum Lachen haben und im Chor darüber herfallen können ohne das Gefühl, Verrat zu begehen; etwas anderes lohnt nicht, und ich gebe Ihnen das Recht dazu.

Ich küsse Sie nochmals.

Ganz Ihr Borja

Lieber Simon! Haben Sie meinen eingeschriebenen Brief mit der Vollmacht und ›Schwalbe‹ bekommen? Ich habe auch Leschkascheli übersetzt, und alle drei (mit ›Zweifel‹, das ich in ›Arbeit‹ umbenannt habe) versuche ich, in der ›Prawda‹ unterzubringen. Wenn Sie mir schreiben, erinnern Sie mich bitte daran, was ich von Ihnen übersetzt habe, weil ich die Gedichte der mittleren Periode (mit dem ›Fischer‹) nie in der Presse gesehen habe, nicht weiß, wieviele es waren und wohin sie geraten sind. Sagen Sie bitte auch Gogla, daß er, wenn er will, ein paar seiner ganz einfachen Gedichte aussuchen soll, ohne jegliche Tendenz, ich will sie für meinen geplanten Sammelband übersetzen, wenn er zustande kommt. Wahrscheinlich hat Borodin Ihren Brief nicht bekommen, denn Jarzew weiß von dem Vorschlag nichts. Wo gibt man Sie in Moskau heraus? Wohin soll ich die neuen Ergänzungen schicken? Fragen Sie auch Leonidse *, ob die rätselhafte Daguerreotypie von Barataschwili bestätigt ist. Im ›Ogonjok‹ bringen sie meine Barataschwili-Übersetzungen in einem gesonderten Bändchen heraus, und man fragt nach einem Bild. Aber ich will nicht dieses verlogene, retouchierte Konterfei aus der Ausgabe von 1938 geben. Der Verlag wollte deshalb an Leonidse telegrafieren, aber ich sagte, die Sache sei für ein Telegramm zu schwierig, man kann sie nicht mit zwei Worten klären. Wenn Gogla irgendwelche Ideen oder Vorschläge (hinsichtlich der Ikonographie von Barataschwili) hat, soll er bitte an ›Ogonjok‹ schreiben. Vielleicht kann Gogla ein paar Worte sagen (nur ganz kurz) über seinen Fund, seine Ansicht darüber und das Bild schicken. Oder Lado Gudiaschwili das Bild in Auftrag geben? Oder das Bild eines jungen Malers nehmen, das im Pionierpalast hängt (ich vergaß seinen Namen, ein heller Barataschwili auf dem Hintergrund des blauen Mtazminda, in Öl). Nach fast zehnjähriger Pause – um für das Projekt im ›Sowjetskij pissatelj‹ die Zeilen bei Washa Pschawela zu zählen – durchflog ich die ›Georgischen Lyriker‹ und war frappiert, wie frisch, wie interessant Paolo geblieben ist!! Kein Zweifel, alles, was er mit Recht erwartete und forderte, läge vor seinen Augen. Wahrscheinlich quälte und tötete ihn die Ungeduld. Die ganze Nacht träumte ich von Tizian, sagen Sie es Nina. Ich übernachtete mit ihnen irgendwo in den Bergen – sie ähnelten mehr den Schweizer Alpen als unseren – in einem entzückenden, sauberen, gut eingerichteten Haus. Ich lag in einem Zimmer mit Balkon, draußen graute der Tag. Aus dem Nebenzimmer sagte Tizian irgend etwas Großes und Gutes durch die offene Tür zu mir, während er sich offenbar entkleidete; es schien ihm alles noch nicht gut genug für mich, darum zögerte er und bummelte, aber Nina wurde ärgerlich und drängte ihn, sich zu beeilen. In all dem war etwas so Helles und Freies.

Ich küsse Sie und die Ihren herzlich   Ihr B.

An Simon Tschikowani   15.3.1946

Lieber Simon!
Telegrafieren Sie mir, wann Sie mit Marijka nach Moskau kommen. Oder ist es noch nicht so weit? Ich küsse Sie herzlich für Ihr Kollektivtelegramm, das die Auslieferung des Barataschwili vom ›Ogonjok‹ mitteilt, und für Ihren schon vorher angekommenen Brief. Wenn Ihre Gesundheit es zuläßt, *schauen* Sie sich das ›Ogonjok‹-Bändchen an. Ich habe dort viele Gedichte (›Der Ohrring‹, ›Das Kindchen‹, ›Einsame Seele‹ und viele andere) anders als in Ihrem Exemplar übersetzt, verbessert und *halte* dieses jetzt für die endgültige Fassung. Nur Vitja Goljzew quält sich weiterhin mit nebensächlichen Erwägungen, ich sei in einer Hinsicht zu frei gewesen und habe daher, seiner Ansicht nach, Salomon Leonidses Worte ungenau wiedergegeben. * Aber es handelt sich bei einer Dichtung ja nicht um Staatsakten. Welche Beziehung gibt es da zur Literatur? Mir ist das alles schrecklich fremd. Sehen Sie sich die ›Ogonjok‹-Fassung an, und wenn Sie mit mir übereinstimmen, daß man

sie als endgültige akzeptieren kann, schreiben Sie bitte an Vitja deswegen, beruhigen Sie ihn...

Im Juni mußte ich mich in Moskau herumdrücken wegen des Vorworts zu meinen Shakespeare-Übersetzungen. Ich hatte gräßliche Angst, daß ich mich verirren würde in dieser Wüstenei von scheinbar gelehrtem Wortschwall, der sich jedem ewigen, großen Thema in den Weg stellt, und daß ich diesem Knäuel nur irgendeinen modifizierten Schnörkel anhängen können würde. Stellen Sie sich vor, das ist nicht passiert! Es ist mir gelungen, in ganz einfachen und verständlichen Worten viel von dem, was ich von Shakespeare für meine eigenen Arbeiten gelernt habe, zu sagen, und das auf einem einzigen Druckbogen! Bitten Sie Gogla, Ihnen meine Übersetzungen zu zeigen, ich schickte sie ihm. Antworten Sie mir telegrafisch, und bleiben Sie gesund: kommen Sie, schieben Sie es nicht auf die lange Bank. So wie Sie da sind, kommen Sie zu uns nach Peredelkino. Da ist eine Menge Platz, und Stille.

Ich küsse Sie   Ihr B.

An Georgij Leonidse   31.3.1946

Lieber Georgij Nikolajewitsch!
Heute erhielt ich von M.I. Slatkin* Ihren Brief und die Rohübersetzungen. Vielen Dank für beides. Die Rohübersetzungen sind fast alle gut, voller Stimmung. Danke – ich werde sie bestimmt benutzen.
Leider kann ich sie wahrscheinlich in die Moskauer Ausgabe meiner Übersetzungen nicht mehr aufnehmen. Ich muß bei meinen Arbeiten mal die eine, mal die andere vorziehen, im Augenblick bin ich durch etwas anderes abgelenkt, und der Band ist schon im Druck. Aber für Ihre russischen Ausgaben [in Tbilissi] werde ich diese Stücke bestimmt vorbereiten, sowie die Zeit dafür da ist. Es tut mir sehr leid, daß ich die Sachen nicht schon im Februar hatte, als ich einiges an Barataschwili

korrigierte und ein paar Gedichte von Tschikowani übersetzte, damals hätte ich Zeit gehabt, – und ich schrieb Ihnen ja auch schon vor Monaten deswegen. Nun, einerlei, Sie verlieren nichts, ich werde die Lücke schließen, ob früher oder später, ist nicht so wichtig.

Ich bin sehr froh, daß Sie und Ihre liebe Familie der Grippe-Epidemie glücklich entronnen sind. Ich brauche wegen meines Greisenalters solche Kinderkrankheiten nicht mehr zu befürchten.

Herzliche Grüße an Jewfimija Alexandrowna und an Sie alle. Sinaida Nikolajewna dankt und erwidert vielmals Ihren Gruß

Ihr B. Pasternak

An Nina und Lado Gudiaschwili   Dezember 1946

Liebe Nina Ossipowna und lieber Lado!

Verzeihen Sie mir, daß ich noch nicht auf Ihren Brief geantwortet habe, der so unwahrscheinlich und fern der Wirklichkeit ist wie ein Traum auf der Hochzeitsreise. Was mich betrifft, ist er durch nichts gerechtfertigt, aber ich bin froh, daß Sie ihn infolge eines Mißverständnisses an mich adressiert haben und ich so diese plastischen Zeilen voll so edler Gefühle und hoher Phantasie lesen konnte. Ich erhielt den Brief auf der Datscha. Gerade als das bekannte literarische Erdbeben stattfand.* Der Boden schwankte unter den Schriftstellern, und mir machte man Vorwürfe, es sei nicht ungefährlich und sogar verdächtig, daß ich das gar nicht bemerke, meine gleichmäßige Gangart beibehalte und nicht falle.

Man überredete mich, in die Stadt zu übersiedeln, um das öffentliche Bewußtsein nicht zu reizen, indem ich wie auf Bildern von Manet und Renoir in solcher (!) Zeit im Schoße der Natur verweilte. Ich gab der Stimme der Volksempörung nach und fuhr in die Stadt. Ihr Brief mit der Absenderadresse blieb in der Datscha mit den übrigen Papieren und einem Teil der Bü-

84

cher. Da ich Ihre Adresse nicht hatte, verzögerte sich meine Antwort. Sie werden eine ausreichende Vorstellung von meinem Scharfsinn gewinnen, wenn ich Ihnen sage, daß es mir erst gerade eben in den Kopf gekommen ist, diesen Brief durch die liebenswürdige Vermittlung eines Dritten zu schicken, sagen wir, durch die liebe Marijka Tschikowani.

Ich habe Simon vorausgesagt, daß auch er etwas abbekommen wird; er ist begabt und interessant genug, um Verfluchungen zu verdienen. Genauso wie Besso Shgenti, der ausdauernd, übermäßig aktiv und erfolgreich seinen Verstand und seinen Geschmack benutzt. Empörend! Urteilt man nach Ihren Verlautbarungen, hätten Sie gerädert werden müssen, da Sie aber lebend dem Schaffott entronnen sind, erlauben Sie mir, Sie jetzt in meinen Umarmungen zu erdrücken.

Ich küsse Sie und küsse Nina Ossipowna beide Hände. Sie gehört zu jenen fabelhaften Frauen, die sehr viel Entschiedenheit besitzen, das heißt groß und stark ist das Gepräge von Persönlichkeit und Mensch, wesentlich aber ist ihre Individualität und ihre Humanität.

Ihr Boris

An Nina Tabidse   4. 12. 1946

Meine liebe Ninuscha, Sie können sich nicht vorstellen, wie mich die Nachricht über Nitas Augen betrübt.* Gebe Gott, es möge alles wieder vorübergehen wie schon einmal. Schicken Sie mir bitte eine Postkarte oder ein Telegramm über ihren Zustand.

Als Jewgenij Dmitrijewitsch Spasskij damals die überwältigende Freude brachte, glaubte ich großer Sünder zwar, daß die Nachricht stimme, d. h. daß Tizian lebt, daß sie sich aber auf Worte und Versprechungen beschränke, Großzügigkeit und Edelmut aber niemals so weit gehen würden, ihn freizulassen. Wie töricht und hart von mir!! Sie wissen, mein Freund Ninotschka, es ist stärker als ich. Da ist etwas in mir, das ich nicht überwinden kann, und das so scharf und unveränderlich mein Verhalten bestimmte – es ist Unversöhnlichkeit gegenüber zwei oder drei mir allzu nahen Fällen dieser Borniertheit und Niedertracht; ich kann sie nicht verzeihen, koste es mich mein Leben. Dennoch, eines schönen Morgens kommt er, kommt, ist vielleicht schon vor diesem Brief da. Ich kenne solche Beispiele.

Inzwischen habe ich angefangen, mit Ihrer leichten Hand Prosa zu schreiben, d. h. Tizians Schreibpapier, das Sie mir schenkten, gab den Anstoß dazu. Später fand ich das Papier viel zu schade für mein Gesudel und übertrug die Arbeit – zusammen mit dem Gefühl, daß die edle gelbliche Elfenbeinfarbe des Papiers meinen Einfall befeure – auf eine andere, einfache Papiersorte (so geht es einem bei Enthaltsamkeit. Wenn Sie beispielsweise auf einen Leckerbissen verzichten und der Gedanke an die Leckerei in Ihrer Fantasie zum doppelten Leckerbissen wird). Mit einem Wort, Tizians Papier bestimmte meinen neuen Stil, und Sie, Nina, übten auf mich literarischen Einfluß aus. Ich bin ein Dieb und Plagiator.

Liebe Ninotschka, dieses windige Geschwätz im Herbst hat mich auch nicht ein bißchen verdrossen.* Denn wer von uns ist schon so dämlich und so unbescheiden, dazusitzen und nachzudenken, ob er mit dem Volk oder nicht mit dem Volk ist. Nur solche Phrasendrescher und Schamlosen können, wo sie gehen und stehen, dieses große und kolossale Wort im Munde führen, ohne sich im geringsten darum zu kümmern, ob ihm noch irgendeine Bedeutung verbleibt.

Es drangen Gerüchte zu Ihnen über Versorgungsschwierigkeiten im Norden. Wie es in solchen Fällen zu sein pflegt, führt in Familien unserer Schicht eine Lebensmittelverknappung dazu, mehr Zucker zu kaufen und zu verbrauchen, als nötig ist und als sie in normalen Zeiten verbrauchen. Fortwährend bringen die Angehörigen der Hausgehilfin Fleisch aus dem Dorf, und im Haus stinkt es den ganzen Tag nach ausgelassenem Schmalz.

Stassik hat geheiratet, ein bißchen früh – er ist erst 19 –, ein

Mädchen, mit dem er schon jahrelang befreundet war. Er wohnt in der Familie seiner Frau, deren Vater Ingenieur ist, dort ist die Wohnung geräumiger.

Ljonja, unser kleines Närrchen, trat Mitte des Jahres in die Schule ein, in die zweite Klasse. Als er Ende Oktober zum ersten Mal hinging, war ich darauf gefaßt, daß man den verzärtelten, von Frauen aufgezogenen Jungen verspotten und verprügeln, daß er mit blauen Flecken und verheult nach Hause kommen würde. Doch stellen Sie sich vor, er hat sich sofort gut eingefügt, vom ersten Tag an haben sich die anderen Kinder mit ihm befreundet. Er hamsterte gute Noten und ist der Zweitbeste. Augenblicklich ist er krank, muß erbrechen. Zuerst glaubten wir, es wäre Scharlach, das war ein Irrtum. Vielleicht ist es Gelbsucht, vielleicht hat er Würmer. Auf jeden Fall kamen Ihre Geschenke – die Früchte und das Dörrobst – sehr gelegen und riefen eine Explosion von Dankbarkeit und Begeisterung hervor. Und der Wein, der Wein! Zu schade, daß die Flasche leer wird, wenn man ihn trinkt, man möchte sich doch so gerne an seiner Farbe, seiner Stärke und Dichte ergötzen!

Jedesmal, wenn ich Ihnen schreibe, hat auch Sina es vor; glauben Sie mir, es sind nur die Haushaltsschereien und der häusliche Wirrwarr, der ihr keine Zeit dazu läßt.

Mir ging es gegen Ende des letzten Winters, im Frühling und im Sommer sehr gut. Mir war so wie in Tiflis. Ich wußte nicht nur (wie ich es auch jetzt weiß), wo meine Wahrheit liegt, und was das göttliche Handwerk von mir verlangt, mir schien auch, all das sei im Leben zu verwirklichen in menschlicher Gemeinschaft, in der Arbeit, auf Leseabenden. Und mit großem Enthusiasmus schrieb ich das Vorwort zu meinen Shakespeareübersetzungen. Ich glaube, Professor Uruschadse hat ein Exemplar des Essays (im Manuskript natürlich) Simon mitgebracht. Lassen Sie sich ihn von ihm geben. Mit noch größerem Elan arbeite ich seit zwei Monaten am Roman, wieder mit dem Gefühl von etwas Primärem, wie ich es vielleicht nur ganz im Anfang meiner schriftstellerischen Tätigkeit gehabt habe. Durch die Herbstereignisse * geriet die Arbeit äußerlich ins Stocken. Es kam zu einem vorübergehenden Stillstand. Doch jetzt bin ich erneut bei der Sache.

Ach Nina, wenn man den Menschen doch freien Lauf ließe! Was für ein Wunder, was für ein Glück wäre das! Ich empfinde die ganze Zeit über die Wirklichkeit als ein zertretenes Märchen und kann mich von dieser Empfindung nicht befreien. Bringen Sie mein Gekleckse ins Reine? Daß ich auch so drauflos schwatzen mußte! Von ganzem Herzen wünsche ich Nita vollständige Genesung, Ruhe, Kraft und Gesundheit. Ich küsse Sie endlos.

Ihr B.

An Nina Tabidse   22.12.1946

Meine liebe Ninotschka,
schon einen Monat liegt der beigefügte Brief herum, den ich durch Nina Gudiaschwili schicken wollte. Ich hätte sie so gerne gesehen, sie ist eine bemerkenswerte Frau, voller Entschiedenheit, eine große und starke Persönlichkeit. Aber an dem Tag, an dem ich Zeit hatte, war sie beschäftigt, am nächsten erkrankte sie und reiste noch krank wieder ab. Der Brief blieb liegen.
Wir treffen uns oft mit Simon und Marijka, sie werden Ihnen von uns erzählen. Wie wir leben? Sicherlich braucht man nicht zu klagen, aber vielleicht kann man auch klagen – ich kann das schlecht beurteilen, so blind hat mich das innere Glück meiner Existenz gemacht.
Übermorgen reisen Tschikowanis ab. Als ich heute morgen dachte, daß ich Sie noch einmal brieflich küssen und zwei Worte schreiben würde, tat mir das Herz so weh in Unruhe und Angst um Nitotschka. So elend macht mich die Ungewißheit ihres Zustandes. Es ist mir schrecklich, solch ein Egoist und immer mit mir selbst beschäftigt zu sein. Wahrscheinlich ist das die größte Sünde unseren Kindern gegenüber.
Darum auch die Worte der Liebe, die ich Ihnen, wie immer,

sage, es ist die selbe enge, persönliche, unmittelbare Wahrheit, das Entzücken an Ihrem Haus, Ihrer Straße, Ihrer Stadt als einer atmenden, sich bewegenden Flamme einer großen-großen Kerze, und Sie sind der Kern dieser Flamme, ihr Pfeil. Nina, ich liebe Sie sehr und so dumm und unbedarft, daß Sie es nicht wissen, und daß mein Besuch im vergangenen Jahr diesem Nichtwissen nicht abhalf.

Aber warum, warum ist mir so wohl auf der Welt, Ninotschka? Ich möchte weinen, so verblüffend und unfaßbar ist es. Nach der Logik des Unsinns, die ein wenig in diesem Brief enthalten ist, habe ich das Empfinden, daß Sie besser als ich in mein Schicksal eingeweiht sind, so, als berate sich Gott mit Ihnen, wie mit einer Sybille, die mich gut kennt, darüber, was er mit mir machen soll.

Aber Sie werden mir verzeihen, daß ich nicht so bin wie sonst immer. Ich habe etwas begonnen in einer Art, wie ich früher niemals geschrieben habe, und ich möchte es vollenden, solange ich noch auf der Welt bin. Ich liebe Sie, Nina, sehe auch Ihre Bäume in der Tiefe hinter den Fenstern vor mir, und von ganzem Herzen, stärker als alles auf der Welt, wünsche ich, daß Nita vollständig gesund wird, daß keine Spur von Kummer und Angst um sie bleibt.

Ihr Boris

An Marijka Tschikowani 25.2.1947

Liebe Marijetschka,
Sie sind abgereist und wie von der Erde verschluckt. Kein Laut, kein Hauch von Ihnen.
Wahrscheinlich ist Euer Leben noch schwieriger geworden, und Ihr habt noch weniger Zeit als wir, nur so erkläre ich mir Euer gemeinsames Schweigen.
Ich hoffte, Besso würde mir wegen des Buches schreiben und darüber, ob ihm mein Vorwort gefällt. Neuhaus konzertierte bei Ihnen, und ich erwartete eine Fülle von Nachrichten über

Sie alle, aber er gab mir nur einige kostbare und warmherzige, sehr kurze Zeilen von Nina und erzählte unendlich viel über die beiden Gudiaschwili, die ihm natürlich genauso gefallen mußten, wie sie mich immer entzücken.

Sie alle – das ist klar – haben mich vergessen, und wenn ich Ihnen trotzdem zwei-drei Nachrichten über uns schicke, so nur in der Überlegung, daß es vielleicht irgend jemanden, der unter Ihrem Fenster vorübergeht, interessieren könnte oder Leute aus der Nachbarschaft.

Dies ist die erste: wir alle freuen uns sehr über Simons Wahl zum Deputierten. Von ganzem Herzen gratulieren wir ihm und Ihnen.

Die Arbeit am Roman habe ich für zwei Wochen unterbrochen, ich überarbeitete die Übersetzung des Hamlet für die Neuausgabe (machte sie flüssiger und schlichter).

Jetzt nehme ich erneut die Prosa vor. Jura * hat wieder einige Gedichte geschrieben, eins ist gut: »Geburt«. Wenn Sie mir schreiben, schelten Sie Simon und Besso für ihr Schweigen. Überreden Sie Besso, die alten Zeiten aufleben zu lassen, sich an die Tage seiner Jugend zu erinnern, als er ein gebildeter Mann war, lesen und schreiben konnte, und beeinflussen Sie auch ›Sarja Wostoka‹, mir Honorar zu schicken. Ich schreibe »Geburt« für Sie ab und schicke Ihnen das Gedicht.

Ihr B. P.

Rings Winter und Schnee –
es bliesen die Winde
und kalt war's im ärmlichen Stalle dem Kinde
am Hange der Höh'.

Der Atem des Ochsen zum Kindlein drang,
die Haustiere alle,
sie standen im Stalle –
ein wärmender Hauch zu der Krippe sich schwang.

Es schüttelten – mühsam vom Schlafe erwacht –
die Hirten die Spreu,
die Hirse, das Heu
vom Pelze und blickten vom Fels in die Nacht.

Dort ragt eine Deichsel hervor aus dem Schnee –
ein Friedhof mit Zäunen,
mit Gräbern und Steinen,
darüber die Sterne in nächtlicher Höh'.

Und neben den Sternen, so einsam und fern,
wie schüchternes Funkeln
der Wache im Dunkel
nach Bethlehem deutet ein zaghafter Stern.

Der Stern brannte einsam am Nachtfirmament,
wie lodernde Scheuer
in zehrendem Feuer,
wie flammend zu Asche ein Bauernhof brennt.

Als leuchtende Garbe erschien er von fern,
wie Stroh oder Heu
von Flammen verschlungen –
und aufgeschreckt spürte das All diesen Stern.

Voller Bedeutung erglühte sein Rot
in leuchtendem Brennen –
das Rätsel zu kennen
drei Sterndeuter folgten des Sternes Gebot.
Es zogen Kamele mit kostbarer Last,
dann winzige Eselchen, gabenbeladen –
sie stiegen vom Berge in trippelnder Hast.

Seltsam prophetisch, in ahnender Sicht
erstanden von ferne die künftigen Tage,
der Wünsche, Gedanken und Welten Gewicht,

die Zukunft der Galerien und Museen,
der Zauberer Taten, die schalkhaften Feen,
die Träume der Kinder, der Christbäume Licht.

Das Flackern der Kerzen, zum Brennen entzündet,
die Pracht allen Schmuckes, so leuchtend und bunt...
...und wilder und schneidender bliesen die Winde...
...die Äpfel, der Kugeln goldschimmerndes Rund.

Es hemmte den Blick dichtes Erlengezweig,
doch ließ es zum Teile den Weiher noch sehen
durch Vogelgenist und durch dickes Gesträuch.
Wie all die Kamele und Esel dort gehen,
die Hirten erblickten es deutlich und hell.
Sie sprachen: Laßt auch zu dem Wunder uns gehen!
Und zogen um Schulter und Rücken das Fell.

Es führte zur Hütte gleich glimmerndem Stein
der Fußspuren Schimmer auf leuchtendem Grunde –
Es knurrten beim Anblick der Spuren die Hunde
so angstvoll, als schrecke sie jäh eine Flamme –
doch hoch in der Nacht stand der Stern und sein
Schein.

Es glich einem Märchen die nächtliche Stunde –
und wesenlos trat in der Wanderer Reih'n
ein Strom stiller Gäste durch Schneewehen ein.
Es schlichen mit ängstlichen Blicken die Hunde
und trachteten, nahe den Hirten zu sein.

Es wanderten Engel auf eben der Straße
inmitten der drängenden Menge dahin –
die Spur ihrer Sohlen nur war zu erkennen,
denn unsichtbar, körperlos schritten sie hin.

Am Eingang der Grotte staut dicht sich die Menge –
die Zedern beleuchtet des Morgenlichts Schein.
»Wer seid Ihr?« so fragte die Wandrer Maria.
»Wir treten als Boten und Hirten hier ein,
um Dir und dem Kind unsre Gabe zu weih'n.«
»So wartet am Eingang – sonst wird es zu enge.«

Es drängten in morgendlich aschfahlem Schein
die Hirten und Karawanenbegleiter,
es fluchten die Fußgänger, fluchten die Reiter –
am Trog einer Tränke, aus Stämmen geschlagen,
vernahm man der Esel und Lasttiere Schrei'n.

Schon nahte der Morgen – wie Asche der Wind,
so fegte das Frühlicht die Sterne vom Himmel.
Und nur den drei Weisen aus allem Getümmel
gewährte Maria den Einlaß zum Kind.

Es schlummerte strahlend in hölzerner Krippe,
wie nächtlich der Mond in der Baumhöhlung ruht.
Ein Pelz war nicht nötig – der Atem des Ochsen,
des Eselchens Atem erwärmten es gut.

Sie standen im Schatten, im dämmernden Lichte,
sie flüsterten leise, kaum fand sich ein Wort –
da schob jemand plötzlich ganz sacht von der Krippe
den einen der Weisen zur Seite hin fort –
es blickte vom Eingang zur Jungfrau Maria
der Weihnachtsstern still, wie ein Gast an dem Ort.

Lieber Besso! Nina hat noch keine Fahrkarte bekommen und konnte heute nicht abfahren. Mein Brief erreicht Sie also nicht so schnell, wie ich gewollt hätte.

›Merani‹ * möchte ich ganz und gar nicht gern umarbeiten, es kam so leicht und ausdrucksvoll zustande. Was ich Ihnen hier zitiere (das Original ist im Brief, den Nina bei sich hat), zitiere ich aus dem Gedächtnis:

> Der Sehnsucht Ross, Merani, flieg voran!
> Laß hinter dir das Schreien schwarzer Raben.
> Dorthin, wo Tage keine Grenzen haben,
> folg stürmend des beharrlichen Gedankens Bahn.

Danach geht es in die anderen Strophen über. Ich küsse Sie.

Ihr B. P.

An Nina Tabidse   28.11.1948(?)

...Der Winter brach herein mit Schnee und brachte eine Menge von Namenstagen und Festivitäten – in der letzten Zeit Nacht für Nacht. Es begann mit Sinas Namenstag bei uns, danach kamen die Einladungen zu anderen. Hier gibt es einen mir nahen Menschen, mehr oder weniger von meiner Mentalität: Liwanow. * Das Gefühl der Einsamkeit verstärkt sich in mir bis fast zum Heulen in den Stunden jener mißlingenden Fröhlichkeit, wenn Schönheit und Schöpfertum der Erde im Glanz des vom elektrischen Licht überfluteten Tisches verkörpert sind, man ein gern gesehener Gast ist, alle einander kennen und sich freundschaftlich verbunden fühlen, und dann nach zuviel Wein und Sakuski die Menschen flügellahm und phantasielos werden.

Das bringt mich immer fast zur Raserei, verursacht nagenden Schmerz, wie bei einer von fremder Kraft geraubten, nicht zustandegekommenen Begegnung, weil die Liebe zum Künftigen für mich eine so dauerhafte, lebenswichtige Sache ist wie die Liebe zur Frau, ohne das kann ich nicht sein...

Hier gab es Skandal: Morosow *, zu Gast bei uns, fühlte sich durch Liwanow und Tschagin * beleidigt, weil er zu weit von uns entfernt placiert war. Als er am anderen Tag kam, um sich zu entschuldigen, klagte er, als Kind habe er Rachmaninow, Belyj, Sserow und andere gekannt; wie bescheiden hätten sie sich verhalten, während Liwanow nur so herumgenialisiert habe, und das, seiner Meinung nach, zu Unrecht. Ich sagte ihm, daß ich Liwanow gerade deswegen liebe, daß das »Genialisieren« zu seiner Natur gehöre, daß mir gerade das an ihm gefalle, und daß ich mich ohne ihn langweile.

Liebe Nina, ich danke Ihnen so sehr, daß Sie in Ihrem Brief mich neben Tizian und Nita stellen. Mir kamen die Tränen. Und ich werde Sie nicht enttäuschen. Teile von dem, was ich schrieb, könnten auch an Simon oder Gogla gerichtet sein, erzählen Sie ihnen von mir, wenn es sie interessiert, und küssen Sie die beiden und Ihre Frauen zärtlich und fest, wie leibliche Brüder und Schwestern.

Ihr Borja

Man muß nie dagewesene Dinge schreiben, Entdeckungen machen, damit das Unerhörte geschaffen wird, das nämlich ist Leben, alles andere ist Unfug.

An Nina Tabidse   25.11.1948

Liebe Nina!
Haben Sie vielen, vielen Dank für Wein, Äpfel, Süßigkeiten und Socken. Die Socken sind so schön, daß man sie gar nicht anziehen, sondern lieber an der Wand aufhängen möchte. Und trotzdem, abgesehen vom Liebreiz des Weins, der Süße dieser Apfelsorte – warum, warum verausgaben Sie sich, bereiten sich

und dem anderen Menschen, der das Geschenk liebenswürdigerweise mitnahm, solche Mühen? Nebenbei, ich kenne den Herrn nicht und traf ihn auch nicht an, als ich die Sachen holte; bei ihm in der Wohnung sagte man mir, Ihr Paket sei das einzige Gepäckstück, das er mitgebracht habe, alles andere sei ihm auf dem Bahnhof gestohlen worden.

Die in Ihrem Brief enthaltene Schilderung Ihres Daseins bekümmert mich sehr, ganz besonders die Nachricht über die arme Nita, die mich allerdings nicht überraschte, denn Sie erwähnten die Sache schon am Telephon. Wie ist das alles so quälend und traurig! Bei uns, ich meine bei uns zu Hause, läuft alles erheblich leichter. Alle sind, Gott sei dank, gesund. Ich weiß ganz einfach nicht, was werden sollte, wenn – Gott verhüte – durch irgendwelche allgemeinen oder familiären Mißgeschicke ich die Möglichkeit zu arbeiten verlöre. Wenn ich die Arbeit aufgeben müßte, die mir innere Klarheit und äußere Unabhängigkeit gewährt, würde ich binnen zwei oder drei Tagen verrückt werden.

Liebe Nina, glauben Sie nicht, es wäre Eitelkeit oder Egozentrik – die Frage, ob man sich an mich erinnert, und das Schicksal meiner Manuskripte sind zwei vollkommen verschiedene Dinge. Wenn der Roman schon gedruckt wäre und in vielen Exemplaren vorläge, würde mich das Geschick des einzelnen Stücks überhaupt nicht interessieren, ich würde sie Menschen, die mir nahe stehen, zur Aufbewahrung schenken. Aber weil das Buch noch nicht fertiggeschrieben ist und noch nicht gedruckt werden kann, und auch weil es nur sehr sehr wenige Abschriften gibt – drei oder vier –, darf das Manuskript bei niemandem lange liegenbleiben. Ich schrieb Ihnen überstürzt eine zu bombastische und sehr dumme Widmung darauf, die für Sie vielleicht peinlich ist und einfach unpassend, wenn Sie das Exemplar anderen zum Lesen geben. Trennen Sie die erste Seite heraus und behalten Sie sie für sich, obwohl die Widmung so dumm ist, daß Sie sie lieber vernichten sollten. Geben Sie den Roman mit den unbedingt dazugehörenden Gedichten den Kuftins zum Lesen, sie werden sich mit dieser Bitte an Sie wenden.

Simon dauert mich sehr. Wie sie den Armen herumzausen! Ihm und Gogla meinen herzlichen Gruß; sie brauchen mir nicht zu schreiben, sollen nicht die letzten Minuten der ohnehin fehlenden Zeit vergeuden. Wir wissen auch so alles voneinander, mehr braucht es nicht.

Von ganzer Seele Ihnen das Allerbeste. Nochmals danke für alles, ich liebe Sie und küsse Sie fest.

Ihr Borja

An Nina Tabidse 5.4.1949

...Meine älteste Leidenschaft, die Kunst (oder, was mir als Kunst erscheint), bestimmt mich und meine Lebensumstände so ganz unzweideutig und mit solcher Klarheit, wie die Menschen früherer Zeiten von religiösen Überzeugungen geleitet wurden. Diese Klarheit der Linie und des Zieles macht es mir leicht, für alles Künftige bereit zu sein und für alles dem Schicksal und dem Himmel zu danken.

Ich küsse Sie herzlich, liebe Ninotschka, und bin mit dem Ausdruck meiner grenzenlosen Dankbarkeit und den allerbesten Wünschen für Sie und die Ihren Ihr Ihnen tief ergebener und Sie liebender

B. P.

An Simon Tschikowani 24.4.1949

Lieber Simon!

Warum hört man von Ihnen nichts? Sind Sie gesund? Von Iwnew bekam ich einen Brief und beantwortete ihn. Natalija Georgijewna Watschnadse brachte Ihren Gruß.

Zuerst wollte ich Ihnen eine Postkarte schreiben, daß Leonidse für meinen Band im ›Sowjetskij pissatelj‹ zu spät dran war und der Band darum nur vier Autoren enthalten wird: Barataschwili, Akakij Zereteli *, Washa Pschawela und Sie.

Aber nun sieht es so aus: mit Zereteli kam es genau wie mit Leonidse. Ich habe nur zwei Gedichte von ihm, und sie sind durch meine Schuld nicht gut geraten. Also blieben nur Barataschwili, Washa und Sie, und daher nenne ich das Buch: ›Drei georgische Lyriker‹.

Ich wollte Ihnen dies nur auf einer Postkarte mitteilen, aber dann komplizierte sich die Sache. Gerade telefonierte ich mit einem der Achmatowa und mir gemeinsamen Bekannten wegen Werchowskij. Er lebt in scheußlichen Verhältnissen und hatte sehr gehofft, eine Weile nach Saguramo fahren zu können, aber dort wird renoviert, und er konnte nicht unterkommen. Er ist sehr lieb, ein kluger und großer Mensch mit einem sehr unglücklichen Schicksal, daher der Anflug von Blässe und Scheu im Schaffen, wie so oft bei Menschen mit schwerem Leben – ich sage absichtlich nicht: erfolglosem. Ich weiß, zwischen Ihnen und mir gibt es so viele Übereinstimmungen, daß Sie sich zu ihm nicht anders verhalten werden als ich. Wenn es Ihre Gesundheit erlaubt, bitte, verschaffen Sie ihm und seiner Frau eine Kommandirowka nach Saguramo für den ganzen Sommer oder wenigstens auf einen oder zwei Monate. Tun Sie's, oder bitten Sie den Schriftstellerverband, es um meinetwillen zu tun. Ach ja, das habe ich vollkommen vergessen – man muß deswegen ja den lieben Besso fragen! Fragen Sie ihn, ob er diese doppelte Kommandirowka rasch unter Dach und Fach bringen und Werchowskij schnell verständigen kann. Seine Adresse: Moskau, Bolschoj Karetnyj pereulok 8, Wohnung 6, Jurij Nikandrowitsch Werchowskij. Ich küsse Sie und Marijka. Die Unannehmlichkeiten mit Gogla muß man in einem gesonderten Bändchen bereinigen und zwar in der in Tbilissi erscheinenden Ausgabe meiner Übersetzungen. Er schickte mir ganz ausgezeichnete Rohübersetzungen – ich werde sie im Sommer oder Herbst bestimmt bearbeiten.

B.

Mein lieber Freund Nina, denken Sie nur, welcher Kummer mich getroffen hat, und haben Sie Mitleid mit mir. Das Leben wiederholte buchstäblich ›Faust‹, letzte Szene ›Gretchen im Gefängnis‹. Meine arme Olja * folgte unserem teuren Tizian. Es geschah gerade eben erst, am 9. (letzte Woche). Wieviel hat sie meinetwegen schon auf sich genommen! Und nun auch noch das! Antworten Sie nicht darauf, aber ermessen Sie den Grad ihrer Not und das Ausmaß meines Leidens.

Nie im Leben schien es mir möglich zu sein, vermutete menschliche Rivalität könne so bedrohlich und gefährlich werden, daß sie Eifersucht in ihrer schärfsten saugendsten Form hervorruft. Aber eifersüchtig war ich in meiner frühen Jugend oft: auf die Vergangenheit einer Frau, auf eine Krankheit, auf Todesdrohung oder Abreise, auf fernliegende, vage Kräfte. So bin ich jetzt eifersüchtig auf die Macht der Unfreiheit und der Ungewißheit, die sie der Berührung meiner Hand oder meiner Stimme entzogen hat.

Ich schreibe dummes Zeug, Nina, verzeihen Sie mir. Ich werde Ihnen etwas noch Dümmeres sagen, nämlich, daß ich bei all dem für Sina auf der Wacht stehe, für ihr Leben mit mir, daß ich sie nichts fühlen lasse, auch nie fühlen lassen werde, was sie schmerzen oder kränken könnte.

Das Leiden vertieft meine Arbeit desto mehr, zieht schärfere Linien in all mein Sein und Bewußtsein.

Aber was kann die Arme dafür, nicht wahr?

An Natalija G. Watschnadse · 31.12.1949

Liebe Natalija Georgijewna, wie begabt sind Sie doch! * Und von welch seltener, guter Art ist Ihr Talent, von welch seltener, unerschrockener Reinheit und Einfachheit! Die meisten begabten Menschen schämen sich ihres sittlichen Erbes, vermindern und verringern sich aus Zaghaftigkeit. Beispiele der Gabe, Kindheit und Elternhaus treu zu sein, grenzen unmittelbar an Heroismus.

Sie haben recht, wenn Sie irgendwo bei der Charakteristik Majakowskijs und Schengelajas * versuchen, diese Züge des außerordentlichen Geöffnetseins und der jungen Vorurteilsfreiheit einer ganzen Generation zuzuerkennen. Es gab wirklich eine Zeit, in der es so scheinen konnte, ja die ganze russische revolutionäre Vorläuferschaft führte dazu – die Extreme Dostojewskijs, die Vereinfachungen Tolstojs. Aber das alles ist vorüber, schon eine überflüssige Abweichung.

Sie schreiben herrlich, wie die besten Schriftsteller schreiben müssen, und, was das Wichtigste ist, nicht auf Kosten des Sujets. Gute Beherrschung von Sprache und Feder und Stilgefühl führen gewöhnlich vom dargestellten Gegenstand ab und werden Selbstzweck. Aber Sie haben die Wörter an der Kandare, dabei halfen Ihnen wiederum Güte und andere der Welt längst offenbare Werte, die wohl die Grundlage des Geschmacks bilden: Liebe zu den Menschen und Dankbarkeit gegenüber der Vergangenheit für ihr Licht, gepaart mit dem Wunsch, es mit der gleichen Schönheit und Wärme zu vergelten. Und schauen Sie, worin Ihr Gewinn besteht, nämlich gerade in dem, was den einzigen, wahren Sieg jeder Kunst ausmacht!

Ich neige immer mehr zu dem Gedanken, den Hauptunterschied zwischen den Menschen auf die Gradunterschiede ihrer Begabungen zurückzuführen. Und wenn ich an einigen Stellen Ihres Buches weinte (z. B. bei der ›Erzählung über mich selbst‹ und ›Reise nach Europa‹), so wurden diese Tränen durch Ihre geistige Höhe, ganz unabhängig vom Berichteten, hervorgerufen.

Sehr gut haben Sie vom Vater erzählt, von der sommerlichen Mondnacht in Kacheti, den ersten kindlichen Gefühlen, der Liebe zum häuslichen Nest und vom Trinklied Kachuri. Sie zwangen mich, zu weinen, durch das *Tempo* der Erzählung von der Reise 1914 nach Berg-Plage, gerade durch die *geistige Komprimierung*, mit der hier so viel Bedeutsames und Verhängnisvolles beschrieben wird. Das Talent ist selbst Quelle der Komprimierung, daher ist es genau überschaubar und offenkundig wie ein corpus delicti. Man sieht es fast, es ist die Falte der Seele, die genauso auffällt wie die Falte am Regencape. Ich glaube niemandem, daß die Dimensionen übergroß sind, oder daß es ihrer sehr viele gibt. Frauen gebären Menschen, keine Zyklopen. Gigantisch ist nur das Anorganische, die kosmische Ausdehnung des Nichts, die Leere des Todes, todbringende Anfänge von Mißgestalt und Schändung.

Ein anderer mich bis zu Tränen ergreifender Abschnitt ist die Gleichzeitigkeit der ersten Hochzeit, der Absolvierung des Gymnasiums und des ersten Engagements. Es konnte so fesselnd in eine Zeile placiert werden, weil damals das Leben so erregend dicht herangerückt war. Und wieder diese absolute Kongruenz der Gabe des Lebens mit der Gabe des Wortes. Sehr gut, wie Sie bei der Durchsicht alter Filmstreifen den Wunsch äußern, wieder zur Bühne zu gehen, neu und besser zu spielen. Sehr gut die Charakterisierung Schengelajas. Prachtvoll, wie Sie über die Städte schreiben (in der Autobiographie und in den Reiseberichten), über Florenz, über Berlin. Bemerkenswert (natürlich Ihnen unbewußt, anders geht es nicht) das Gefühl für Anordnung, Instinkt für die richtige Aufeinanderfolge, an welcher Stelle was zu erzählen ist: z. B. sehr gut, daß die Mitteilung über die Kinder vor der Trussinskijschlucht gegeben wird, vor der Natürlichkeit des sich allmählich öffnenden Reliefs des Gebirgsweges.

Nun aber genug. Ich beglückwünsche Sie. Und wenn Sie aus Bescheidenheit das Wichtigste ungesagt ließen: wie sehr Ihr eigenes Schicksal Sie liebte, wie Ihnen die Sonne leuchtete und die Erde Sie trug (nicht nur die georgische, sondern die Erde ganz allgemein, der Erdkreis), so macht das nichts, der Zuschauer errät es schon selbst, und Entzücken erfüllt ihn.

Ich glaube Ihnen so sehr, daß, wenn einige andere Stellen vom Thema her mich kalt und unberührt ließen, ich es mehr als in anderen, ähnlichen Fällen meiner Schuld und meiner Blindheit zuschreibe.

Ja, tatsächlich, schon vor langer-langer Zeit habe ich manches im späten Majakowskij und auch anderswo unterschätzt und nicht verstanden. Und schlimmer als das ist die Gebundenheit in die eigenen Grenzen, sie legt sich dann auf das ganze Leben mit irreparabler, verarmender Verknöcherung. Ich fühle das jetzt sehr stark, seit ich nur (ich spreche absolut aufrichtig, ohne jede Ziererei, aber auch ohne Bedauern) mit meinen eigenen Mängeln lebe.

Und mit dem Gefühl tiefer Verwandtschaft, das Ihr Buch in mir weckte, sende ich Ihnen Gruß und Dank aus meinem mißlungenen und unverbesserlichen Leben in Ihr gelungenes und siegreiches.

Herzliche Grüße an Kira Georgijewna und küssen Sie Borja*. Alles Gute zum Neuen Jahr! Wir werden in Entzücken an Sie denken, Fatjma Antonowna* und Nina werden bei uns sein.

Ihr B. Pasternak

An Nina Tabidse   6.4.1950

Liebe Ninotschka!
Ich küsse Ihren Brief, der durch Garrigue* zu mir kam, viel öfter und herzlicher, als ich die von Ihnen mitgeschickte Tschatscha* trinke, für die ich aber auch von ganzem Herzen danke. Oft und oft versuche ich, Sie zurückzuhalten, und bitte Sie, uns nicht zu schreiben, nicht Zeit und Kräfte an uns zu vergeuden.

In der letzten Zeit fühle ich mich sehr gut, arbeite leicht und viel, darüber hinaus keinerlei Veränderungen.

Große Freude macht Stassik, er hat ein sehr gutes Talent, in der Art mir verwandt, ich meine die Art der Beziehung zur Kunst und seine Auffassung von ihr. Ja, und des Lebens auch, wahrscheinlich.

Auf allen nur immer erreichbaren langen und kurzen Radiowellen schicke ich Ihnen, Nita, Giwik und Alexej Nikolajewitsch* die allerbesten Wünsche.

Garrigue erzählt Wunderdinge von Ihrem Giwik, von seiner Begabung und seinen tiefsinnigen Sentenzen, und er bedauert, daß während er bei Nita zu Gast war, auch der Akademiker Zereteli * kam und das Gespräch mit ihm ihn daran hinderte, dem kleinen Weisen zuzuhören.

Sie haben gewiß schon im ›Ogonjok‹ Anna Achmatowas Gedichte gesehen oder von der Veröffentlichung gehört. * Erinnern Sie sich, ich zeigte Ihnen vor langer Zeit einen Teil davon, übrigens nicht einmal den besten. Diejenigen, die ich nicht kannte und die sie noch hinzugefügt hat, sind die besten. Ich bin, wie alle, unendlich froh über diese literarische Sensation und über dieses Ereignis in ihrem Leben; unangenehm ist nur, daß in Analogie dazu alle erwartungsvoll zu mir hinüberschielen.

Aber alles, was die Achmatowa hier ausdrückt, habe ich schon vor zwanzig Jahren gesagt *, als einer der ersten, als solche Stimmen erklangen, sehr selten, mehr in der Einzahl. Solche Dinge kann man nicht wiederholen; entweder sagen sie etwas aus, oder sie haben nichts zu bedeuten, und im letzteren Falle kann keine Wiederholung die Sache besser machen.

Ich bin mit meinem Geschick sehr zufrieden: mit der Möglichkeit, ehrlich zu arbeiten, mit der Klarheit meines seelischen Zustandes. Niemals habe ich mich in irgendeiner Hinsicht gekränkt oder übergangen gefühlt. Wenn jemand glaubt, mich als »Märtyrer« betrachten zu müssen, so antworte ich erstens nicht auf anderer Leute Phantastereien und Chimären und zweitens, wen dieser Anschein interessiert, dem sollte es genügen, meine zurückgehaltenen Bücher zu publizieren und mich auf das Rednerpodium zu lassen – und dieses »Märtyrertum«, das für mich nicht *existiert*, fällt in nichts zusammen. Eine Erklärung aber im Rundfunk darüber abzugeben, daß ich kein Märtyrer bin, ist für mich unmöglich, grenzt an Idiotie. Ich bin ein sehr stolzer Mensch; und ich sollte ein kleinlicher Neidhammel sein, ein junger Commis voyageur, mit Nichtigkeiten prahlen, um damit auf journalistische Manier ausgerechnet den Rundfunk zu überzeugen! Und was bedeutet mir schon seine Kenntnis über mich und meine Existenz, wenn es mir, ehrlich, manchmal sogar schwerfällt, daran zu glauben, daß ich Sie und Sina interessiere. Außerdem, wenn der des Märtyrertums Verdächtigte erklärt, daß er herrlich und in Freuden lebt, entsteht die Vermutung, daß Qualen ihn zu dieser Erklärung getrieben haben.

Das alles ist ein in höchstem Grade dummer circulus vitiosus. Wem nützt es, sich mit all dem zu befassen? Mir scheint, alle Anstrengungen des Menschen müssen auf ergiebige, kühne und produktive Tätigkeit konzentriert sein, das übrige vollendet das Leben in irgendwelchen höheren Regionen des Seins: in der Liebe (nicht nur der Liebe zur Frau, sondern ebenso der Liebe zur Heimat oder der Liebe zu den Mitmenschen), im Schöpfertum usw. Das ist Glück – geschenkt oder auch nicht vollkommen geschenkt; hier gibt es nichts, wofür man selber sorgen könnte, hier richten Bemühungen und Geschäftigkeiten nichts aus, sie brächten nur Fälschungen zustande. Ein unverfälschter Mißerfolg ist für mich annehmbarer als ein verfälschter Erfolg. Verzeihen Sie, Nina, daß ich Ihnen solchen Groschen-Unsinn schreibe, aber es geschieht, damit Sie sich nicht über irgendwelchen Literaturklatsch beunruhigen.

Ich küsse Sie herzlich   Ihr B.

An Nina Tabidse   1.5.1950

Liebe Ninotschka! Warum schreibe ich Ihnen? Was will ich Ihnen sagen? Kommen Sie in diesem Sommer früher als voriges Jahr nach Peredelkino. Richten Sie es ein, geben Sie sich Mühe. Sie wissen, wieviel mir Ihre Anwesenheit gibt, wieviel besser und leichter mir zumute ist, wenn Sie da sind. Das ist alles. Damit könnte der Brief enden, ich füge nur noch ein bißchen hinzu wegen des schicklichen Umfangs.

Als Anna Nikandrowna nach Zchaltubo abfuhr, bot sie an, einen Brief mitzunehmen. Es steht nichts Interessantes drin, also haben Sie nichts verloren, wenn Sie ihn noch nicht bekommen haben. Als Anna Nikandrowna ihn schon in Händen hatte, stellte sich plötzlich heraus, daß sie nicht über Tbilissi fährt; das Schicksal des Briefes bekümmert mich nur insofern, daß Sie den verspäteten Dank für Ihre warmen, herzlichen Zeilen mit weiterer Verspätung erhalten.

Sina ist mit den Kindern, mit Galja, Schura und Irina Pasternak * für zwei Tage in Peredelkino, gestern setzten sie Kartoffeln, heute werden sie sicher ausruhen und feiern. Ich blieb in der Stadt, um in der Stille mehr übersetzen zu können.

Nina, man kann befreundet sein und einander lieben wie wir und doch die Nüchternheit bewahren und objektiv bleiben. Ich weiß nicht, weshalb das Schicksal so gnädig mit mir umgeht. Wie überschätzt man mich! Eben kam ein gewaltiger einbändiger Goethe heraus, ein Zehntel davon meine Faust I Übersetzung. Ich weiß, es ist keine schlechte Arbeit, aber, stellen Sie sich vor, fast alle Übersetzungen der übrigen Mitarbeiter sind genau so. Aber haben sie auch solch einen Ruf? Ich durchblättere den Band und stoße sehr selten auf etwas Ungeschicktes, auf archaische, schwerfällige Slawismen. Ich atme erleichtert auf, Gott sei Dank, obwohl ein Stück irgendwie mißlungen ist. Ich sehe nach, wer der Übersetzer ist. Irgendeiner. Nun gut. Aber dann treffe ich auf etwas ganz Glänzendes. Natürlich Kotschetkow *, denke ich. So ein Prachtskerl! Nein, es zeigt sich, es ist der selbe Schwächling, der mich gerade erst mit seinem Unsinn ergötzte. Und alle sind sie solche Meister, man kann sich vor ihnen nicht retten, eine Schande ist das!

Ich hoffte, einige Probeabzüge des ›Faust‹ zu bekommen, dann hätte ich Ihnen einen geschickt. Aber es wurden überhaupt keine gemacht, ich bekam nur ein Exemplar des fertigen Buches. Ich habe darum gebeten, mir gegen Bezahlung einige Exemplare zu überlassen, sie sind nirgends zu bekommen. Im Staatsverlag versprach man, mir später (in zwei oder drei Wochen) fünf Stück zu verkaufen. Sagen Sie Simon oder Leonidse, sie möchten für Sie Jagd nach dem Band machen, im Bücherfonds oder in einer Ihrer Sammelstellen im Schriftstellerverband oder in der Akademie. Vielleicht ergattern sie ein Exemplar für Sie.

Ninotschka, ich küsse Sie und Ihren Giwik, Gruß an Nita und an Ihren lieben Schwiegersohn. Sehen Sie, nun habe ich Ihnen wieder gar nichts geschrieben.

Ihr B.

Kommen Sie bald, das ist das Wichtigste

An Raissa K. Mikadse *   18.11.1950

Liebe Raissa Konstantinowna!

Wie reizend Sie kokettieren, indem Sie Ihren kurzen Brief mit der Bemerkung beginnen, daß ich mich Ihrer nicht erinnern würde!

Ich wollte Ihnen schon den ganzen Sommer über schreiben, aber so, daß es Sie auch interessiert und Sie gerne antworten würden. In Gedanken wandte ich mich der Nacht zu, als meine Gefühle mich so übermannten, daß ich hätte weinen mögen, oder sogar auch geweint habe, und Ihre Nachsicht mir erlaubte, für einen Augenblick, den guten Ton zu verletzen.

Damals stiegen Sie als erste aus dem Wagen, am Anfang vom Prospekt oder noch etwas vorher, und da begann mein Abschied von jenem Erstaunlichen und Zauberischen, das mir auf all meinen georgischen Reisen begegnete und das nicht allein durch den Süden zu erklären ist, durch die Berge, den weiten georgischen Charakter, die Schönheit seiner Frauen, durch die Begeisterung und das Gefühl des Erhobenseins auf den geräuschvollen, menschenreichen Banketts; es ist noch etwas Geheimnisvolleres, Tieferes in all diesen Bestandteilen.

In der Natur und in der Menschenwelt wogt jenes Bedeutsame, für das man noch keinen Namen und keine Worte gefunden hat, das noch auf seine eigene Definition wartet. Und gerade diese Erwartung beunruhigt es, wie ein aufgegebenes und noch nicht gelöstes Rätsel oder wie ein in der Luft hängendes und seiner Ausführung harrendes Signal.

Zum Beispiel: so ein aus der Tiefe des vergangenen Jahrhunderts in Bewegung geratenes Signal in der Geschichte menschlichen Schaffens in Rußland ist Lermontow. Die Erinnerung an ihn war, verglichen mit Puschkin, aufs äußerste beladen und belastet durch dieses Fordernde und dieses Entschlüpfend-Nichtgreifbare, von dem so viel in ihm ist, fast wie in einem wirklichen lebendigen Schmerz oder in der unbearbeiteten Natur. Und erst gegen Ende des Jahrhunderts kam das erste Echo in einigen Gedanken bei Wladimir Solowjow, ein wenig dann auch bei den Symbolisten, hauptsächlich aber im Werk von Wrubel; es war das erste Echo auf Lermontows Ruf nach einem halben Jahrhundert, so schwer ist es, Lermontows Ausschließlichkeit aufzugreifen und weiterzuführen, so undenkbar, diesem Signal mit Gemeinplätzen zu antworten. Aber jetzt ist das Wenige, das erreicht wurde, an seinen alten Ausgangspunkt zurückgekehrt, und wir lernen über Lermontow, daß er ein großer russischer Dichter, ein großer Patriot war…, das ist kaum mehr als die Feststellung, daß er Arme und Beine gehabt hat.

Es wird Sie wahrscheinlich verwundern, daß dieser Name Thema eines Gesprächs, noch dazu eines uneinheitlichen, wurde. Aber ich hatte die Absicht, später die Rede auf unerwartete Entdeckungen zu bringen, die ich sogar im Besten von dem zu finden begann, was heute die mir nächsten Genossen schreiben, Entdeckungen, die mich betrüben. Aber das wird den Brief zu sehr in die Länge ziehen. Ich gebe also diesen Wunsch auf und lasse das oben Gesagte ganz einfach so überflüssig stehen. Ich werde ein paar Worte über mich selbst schreiben.

Warum bedenken Sie mich mit solchen nichtigen Phrasen wie denen, daß man sich in Georgien meiner erinnert und mich liebt, daß Sie so viel gehört haben über meine Arbeiten usw., usw. Ich sage nicht, daß dies aus Ihrem Munde eine komplette Täuschung ist, aber geben Sie doch zu, wie anders das Bild aussähe, wenn diese Worte wirklich das wären, was sie im genauen

Sinne bedeuten. Warum uns dann in Worte und ihre trügerische Verwendung flüchten? Sind wir schon so arm?

Nein, meine Liebe, wenn mich auch drei-vier Menschen auf dieser Welt kennen, so wird es sie in zwei-drei Jahren nicht mehr geben. Aber was ist das schon für ein Kummer? Diese Unbekanntheit und das natürliche Vergessen sind bei weitem nicht alles. Immer öfter erheben sich die Stimmen der nächsten, liebsten und treuesten Freunde, die Verfall sehen, den Verlust meiner selbst und in meinen Interessen der letzten Zeit das Ausweichen ins Gewöhnliche; diese Stimmen lasten schwer auf meiner jetzigen Einfachheit. Sei's drum, auch das ist noch kein Kummer. Wenn es irgendwo Leid gibt, warum sollen meine Kunst und ich nicht daran teilhaben? Vielleicht haben meine Freunde recht, vielleicht auch nicht. Es kann sein, und es kann sehr gut sein, daß ich nur ein wenig weiter auf dem Wege ihrer eigenen Schicksale gegangen bin in der Achtung vor dem menschlichen Leiden und der Bereitschaft, es zu teilen.

Aber glauben Sie nicht, die Sie ganz andere Themen erwarten, ich wollte Sie mit bigotten, seelenrettenden Predigten füttern. Ich spreche ausschließlich vom Künstlerischen und vom Künstler, vom Opfer, ohne das Kunst nicht sein kann, unanständig-sinnlos wird, und ohne das Werke nur äußerlich mit oberflächlichem Talent gepudert sind, innen aber an einer der Menschheit längst bekannten Idee festhalten, die von ihr vielleicht sogar schon überwunden war, als sie das Stadium der Wildheit verließ. Aber ich bin schon wieder weiß Gott wohin geraten. So sehr habe ich mich mit Ihnen festgeredet.

Ich habe eine Bitte an Sie, wenn sie Sie nicht kränkt. Schon seit langem versuche ich, an Nina Tabidse zu schreiben, ich will ihr so sehr gern schreiben. Aber im Brief an sie muß ich von ganz anderen Dingen sprechen; sie weiß, weshalb ich sie so lange ohne Brief ließ, daß ich niemals die für einen Briefwechsel passenden Worte zusammenfinde.

Übermitteln Sie ihr bitte diesen Teil der über Sie hereingepolterten Philosophie. Sagen Sie ihr, daß ich wie bisher lebe, wie ich will, froh und glücklich über dieses Recht bin, für das mit dem Leben zu bezahlen ich bereit bin.

Wissen Sie noch, wie ich mich in Saguramo an unser Haus erinnerte, so, daß meine Stimme brach und ich die Rede nicht fortsetzen konnte. Jetzt ist es wieder so. Sina und ich bilden ein unteilbares Stück Dasein, etwas ganz Selbstverständliches, so, wie ich durchs Feld gehe oder wie ich meine Augen gebrauche. Abgesehen von dieser Grundtatsache liebe ich Nina Alexandrowna mehr als alle Menschen auf der Welt. Das brauchen Sie ihr nicht zu sagen, das können Sie ihr verschweigen. Ich küsse Ihre Hand

Ihr B. Pasternak

An Nina Tabidse   19.11.1950

Meine teure Nina!

Ich bin ein gräßliches Schwein. Mir scheint, ich habe Ihnen seit dem letzten Winter nicht ein Mal geschrieben, aber von Ihnen mehrere Briefe bekommen, immer randvoll komprimierter Seele, immer inhaltsreich. Und außerdem hat in letzter Zeit Fatjma Antonowna viel von Ihnen erzählt, und nun noch Ihr wahnwitziges Paket! Bitte verzeihen Sie, daß ich mich mit meinem Dank so verspäte. Was guter Wein ist – wenn er wirklich gut ist, nicht nur für die Banausen –, wenn er voll, fast schwarz, mit leichtem, frappierenden Bouquet ist, dann ist das gleichbedeutend mit Talent und Edelsinn im Menschen! Und Sie wissen sicher schon von Fatjma Antonownas Abenteuer: Wie sie den Zug in Gagry versäumte, und wie ihre armen, obdachlosen Sachen, darunter auch die verwaisten Äpfel und Auberginen, auf der Suche nach ihrer Herrin herumirrten. Nichts ist verdorben, doch die ausgestandene Heimsuchung verzehnfacht den Wert des Pakets.

Nina, immer wenn mit mir etwas geschieht, schreibe ich Ihnen in Gedanken und erzähle es Ihnen. Durch dieses Wiedererzählen finde ich eine Formulierung für das Geschehene und für das eigene Bewußtsein. Im Sommer, im August, hatte ich viele derartige Impulse, aber ich werde Ihnen lieber alles erzählen, wenn wir uns wiedersehen.

In diesem Sommer habe ich viel gearbeitet, übersetzte in einem Monat ›Macbeth‹ und begann mit ›Faust II‹, dann kam rechtzeitig ein Artikel im ›Nowyj mir‹, der mich rügte,* ich wurde böse auf Goethe und setzte mich an die Prosa.

Es handelt sich um das, was Sie vorvoriges Jahr hörten, es ist inzwischen fortgesetzt und überarbeitet: das dritte Viertel des Romans (es bleibt jetzt nur noch ein Viertel). Dieser Teil ist nun abgeschrieben, wurde gelesen und weckt widersprüchliche Äußerungen. Die einen, etwa Sina, oder auch die bescheiden und mühselig in der Naschtschokingasse wohnenden Schriftsteller loben ihn, Gott weiß warum; die anderen, die pompösen Bewohner der Lawruschinskijgasse oder auch solche treuen Freunde wie Liwanow finden, ich hätte mich verloren oder mich absichtlich von mir losgesagt, wäre in mir nicht gemäße Farblosigkeit und Alltäglichkeit abgesunken. Aber gerade so möchte ich ständig arbeiten, mich abrackern. Das Leben verschaffte mir, offenbar unbewußt, eine Art Immunität und bescherte mir die vollständige Unempfindlichkeit gegenüber dem Schicksal des Fertiggestellten und den Meinungen anderer darüber.

Ich bin gesund, Ninotschka, und fühle mich wohl. Ich habe Sorge um Ihre Gesundheit und möchte Sie schrecklich gerne sehen.

Sina war auf ein paar Tage mit Stassik in Leningrad. Er gab dort seine Konzerte mit riesigem Erfolg; Sina war mit der Reise sehr zufrieden.

Sie und Ljonitschka sind besessen vom Fotografieren. Unentwegt knipsen sie, entwickeln, ziehen ab, vergrößern, aber meiner Meinung nach können sie es noch nicht so ganz richtig. Beide bestellen Grüße und küssen Sie fest.

Ninotschka, ich könnte Ihnen jetzt etwas Geld schicken, aber aus eigener, vollkommen egoistischer Bequemlichkeit tue ich es erst im Dezember, beim Eintreffen des ersten neuen Honorars.

Und nun mein lieber Freund, küsse ich Sie innig. Übermitteln Sie meine wärmsten Gefühle Nita, dem goldigen Giwik und Alexej Nikolajewitsch, den Fatjma Antonowna und ich um die Wette lobten.
Alles Gute, Nina, alles, alles Gute   Ihr Borja

Dies sind zwei Aufnahmen, die Sina gemacht hat. Sie sind unscharf und matt, aber weil ich auf Fotos nur selten als Mensch und nicht wie üblich als Gorilla herauskomme, will ich sie Ihnen schicken.

An Nina Tabidse   5.12.1950

Liebe Nina!
Sie haben wahrscheinlich meinen nichtssagenden und eiligen Brief bekommen, aber beeilen Sie sich nicht mit der Antwort. Um den 10. Dezember herum, also etwa in einer Woche, hoffe ich, Ihnen etwas Geld schicken zu können, damit Ihnen zu Weihnachten und zu Neujahr die Hände nicht so gebunden sind. Danach, in den Feiertagen, antworten Sie mir.
Mir geht es wirklich gut, wie ich Ihnen wohl schon schrieb. Nur würde ich wahrscheinlich besser und schneller arbeiten, wenn ich nicht so einen Koloß wie ›Faust II‹ übersetzte.
Ich bin mehr als je mit meinem Geschick zufrieden und wünsche mir keine Änderung. In der letzten Zeit erscheint mir ringsum vieles sehr kleinlich. Wenn irgend jemand von mir verlangen würde, mein Leben zu verraten für etwas, das breiter ist als mein Leben und von ausgedehnterer Großzügigkeit, so ist das Sache dieser mir unbekannten Seele. Ich kann nicht anders leben, und diese Unveränderbarkeit erfüllt mich mit Glück.
Ich küsse Sie herzlich

                                                                    Ihr B.

Liebe Nina!

Schon seit mehr als einer Woche vernichtet die räuberische Familie Pasternak gierig und gewissenlos Ihre Vorräte, stürzt sich auf die Süßigkeiten und vertilgt sie, verschlingt Äpfel und trinkt Wein mit Beethoven-gleicher Verzückung, und alle stümperhaften Erzeugnisse der eigenen Küche begießt sie mit Ihrem unvergleichlichen Granatapfelsaft.

Aber der Gipfel von allem war natürlich der junge Mann, der diese Ladung brachte – G. L. Assatiani *. Welch ein Charme! Ich dachte gleich an Assatiani und Tina Kalistratowna, wie glücklich und erhoben müssen sie sich fühlen, einen solchen Sohn zu haben. Sein Wesen erinnert mich an Stassik, dessen Besuche den gewohnten häuslichen Rahmen erweitern, so als bringe jemand das ganze Leben zu Gast mit und es sei die ganze Zeit über Feiertag.

Ich bin so froh, daß von Ihnen Brief und Nachricht kamen, ich war schon in Sorge um Sie. Einmal erschienen Sie mir im Traum zusammen mit der Schauspielerin Hyazintowa (ihr habe ich es schon am Telefon erzählt). Sie waren beide zu Deputierten gewählt worden. Sie hatten die Wahl angenommen, und nun hingen überall Ihre, Ninas, überlebensgroße Portraits.

Ich bin mit Arbeit überhäuft, und all das bringt Geld. Immer noch dieser alte Shakespeare, Neuausgabe von fünf Stücken für Schulbibliotheken, die Morosow und ich vom ersten bis zum letzten Buchstaben revidieren. Dann Fortsetzung der Faustübersetzung und Gedichte von Petöfi. All das möchte ich – wenn ich am Leben bleibe – bis zum Herbst vom Halse haben, damit ich dann den Roman zu Ende schreiben und mich auch von ihm befreien kann.

Es vergeht kein Tag, an dem ich nicht aufs neue erkenne, wie gut es ist, daß das Schicksal mich nicht mit äußerem Erfolg verwöhnt hat, daß es mich in scheinbarer Strenge hielt, daß ich immer produktiv lebte mit realer Arbeit und Fortschritte in meinem Handwerk machte, daß ich nicht mit dem Tragen der

Bürde eines fragwürdig errungenen Ruhmes beschäftigt war –
und dafür nicht zu danken hatte, das ist der Himmel.
…Neulich an einem Regenabend begleitete ich von irgendwoher Anna Achmatowa nach Hause und führte sie am Arm. Ich
erzählte ihr etwas über Spasskij, die Dachrinnen überschütte-
ten uns mit Wassergüssen. An einer besonders wüsten Stelle,
wo die Duschen besonders dicht kamen und mein Lobgesang
auf Spasskij besonders begeistert tönte, drückte ich, während
ich A. A. aus dem Wasserfall herausführte, ihren Arm besonders fest an mich, da sagte sie: »Aber ich bin doch nicht Serjosha Spasskij!« Das war prachtvoll.

Ihr Boris

An Nina Tabidse   15.4.1951

Liebe Nina!
In Gedanken durchlebte ich wieder alles neu wie in den Tagen
der Arbeit an Barataschwili. Das war noch vor Sinas Rückkehr. Als ihr Telegramm eintraf: »Fahren Mittwoch, den 28.
usw.«, klopfte mein Herz so stark, als wäre ich an ihrer Stelle,
als bewegte sich unter mir der Zug, als glitten in unwieder-
bringliche Ferne zurück die wunderbare Stadt mit den wunderbaren, märchenhaften Menschen und all dem, das dem
Traum eines sechstägigen Festes glich. Nina, mein bester
Freund, meine Freude, ich bin zu allem bereit, in jeder beliebigen Minute. Aber nun gehe ich zur Neige, mein Leben, dieses
glückliche Leben, für das ich dem Himmel danke, bleibt zurück, es ist so ruhig, so gesammelt dargelegt wie ein Buch; und
was waren seine Grundelemente? Das Beispiel der väterlichen
Arbeit, die Liebe zur Musik und zu Skrjabin, zwei-drei neue
Töne in meinem Schaffen, die russische Dorfnacht, die Revolution, Georgien.
Für mich war es eine große Freude, zu erfahren, wie nah Sie und
alle Ihrigen Sina sind, diesem so geraden und jeder Exaltation
abholden Menschen. Über Sie, Nita, Giwik und Alexej Nikola-

jewitsch spricht sie wie von den nächsten Angehörigen, wie von Stassik oder Ljonja...

Ich bin ganz und gar verwirrt von der Weite und Üppigkeit des Empfangs, den Georgij Nikolajewitsch Leonidse Sina bereitet hat, von seinen Grußworten und seinem Geschenk (einem Fäßchen dieses sagenhaften Weins). Noch mehr bewegt mich die Gastlichkeit und Aufmerksamkeit, die Maria Alexandrowna und Alexander Iljitsch Schanschiaschwili ihr geboten haben. Wir hatten nie vertrauten Umgang miteinander, mich hielt die Ehrerbietung ihm gegenüber immer zurück. Und nun diese zärtliche Güte zu Sina, Ljonja und Galja (von Stassik rede ich nicht, er hat seine eigenen Verdienste), und dieses Fest, Blumen, der große Abschied und Kuchen! Dank ihnen, Dank Ihnen, Dank allen.

Ich kann in dem Briefchen an Georgij Nikolajewitsch und auch in den Zeilen an Schanschiaschwili nichts von dem ausdrükken, was den Gefühlen und Bildern entspricht, die in meiner Seele zusammenströmen und sie unter dem Eindruck von Sinas Erzählungen durchdringen. Die Erinnerungen trugen mich an die Orte der beschriebenen Ereignisse, und in Gedanken war ich mit allen zusammen, die eilig in der Dämmerung aufbrachen, stand mit auf vom Tisch bei Schanschiaschwili, ging zum Bahnhof durch die abendliche Stadt, den Abend in der Seele und den Kopf vom Wein benommen.

Ich möchte dies den beiden so gern sagen, aber wenn die beigelegten Zeilen hohl klingen, übergeben Sie das Geschreibsel nicht und ersetzen Sie es durch einen Gruß in Worten Ihrer eigenen Redaktion.

Neulich hatten wir Gäste: Natalija Georgijewna Watschnadse, Anna Achmatowa, Liwanows, Fatjma Antonowna, Tschikowani, Tschagins und noch andere. Ich widmete diesen Abend, mit allem, was ihn vervollständigte (das Licht ging aus, und wir zündeten Kerzen an), dem abwesenden Leonidse. Natalija Georgijewna wird es ihm erzählen.

Ich küsse Sie herzlich, Nina   Ihr B.

Mein lieber und großer Freund, Georgij Nikolajewitsch!
Danke, danke, danke. O, wie viel möchte ich Ihnen sagen! Es ist
besser, gar nicht erst anzufangen! Denn dieses Verlangen selbst
hat keinerlei Form, kündigt nichts an. Es will nur alles aufgrei-
fen, von allem sprechen.
Und doch ist das so natürlich. Ja, könnte es überhaupt anders
sein? Sina ist angekommen, erzählt und erzählt. Und wieder
ersteht vor mir das ganze, unbeschreibliche Tbilissi-Märchen,
und das Meer zieht in die Seele ein, begleitet alle ihre Regungen. Und ich möchte so unendlich gern sofort zu Ihnen fahren,
zur Stimme dieses Meeres, seinem Lärmen, seiner schöpferischen Erläuterung!!
Und da wäre das Märchen vom weißen Stierchen, so oft schon
allen erzählt, und man könnte von neuem ›Wogen‹ schreiben
und die Gedichte über den Künstler, – für Sie, und dann die
Ankunft im Winter 1933.
O, wie war das alles natürlich und legitim! Daß am ersten
Abend die Schale des Entzückens angefüllt wurde bis zum
Rand, und wer ihr den letzten Tropfen hinzufügte! Daß in der
europäisch gebauten Stadt mit ihrer ungewöhnlichen, sensibel-
südlich malerischen Bevölkerung nachts hinter dem dichten
Netz des rasch fallenden Schnees (der erste Schnee!! *) eine unbekannte Gestalt schnell vorüberging, und alles jene Grenze
erreichte, an der vor Entzücken die Kräfte erschlaffen! Daß ich
am anderen Tag plötzlich begriff, wer die Gestalt gewesen war, *
und daß die Bewegung dieser bewahrenden Kraft, anhaltend
und fast ein wenig tragisch wie jede Mahnung, aus Ihrem Leben, aus Ihrem Hause stammte!
O Leonidse, Leonidse, wie ist das alles stark, ernst und herrlich!
Von Ihrem Prachtsenkel erzählt Sina ganz entzückt. Wie bekümmert mich die Krankheit der armen Tina * (Nina schrieb
an irgend jemanden hier, es gehe ihr schon ein wenig besser?).
Aber Jewfimija Alexandrowna ist noch im Krankenhaus? Von

ganzer Seele wünsche ich beiden, daß sie bald nach Hause kommen dürfen.

Es hat Sie gekränkt, daß ich Ihnen nicht auf Ihr Neujahrstelegramm geantwortet habe. Schweinerei natürlich, daß ich für Sie keine Ausnahme gemacht habe und ebenso wie bei einigen anderen schwieg. Aber es geschah nicht aus Bitterkeit oder Verbitterung, daß ich alle Einladungen zum Sylvester absagte und einen Monat später auch meinen Geburtstag nicht feierte. Ich weiß selbst nicht, was es ist, und ich kann es nicht erklären. In meinem Charakter ist sicherlich viel Weibliches, Passives. Selbstverständlich bin ich tätig, arbeitsam, ausdauernd. Aber ich vermag nicht, mit meinem Leben »etwas anzufangen«, kann es nicht leiden, »Schritte zu unternehmen«. Wie ich mich mehrere Male dem Leben ganz in die Hände gab und mich ernster Arbeit anvertraute, so, in großem Maßstab, bleibt mir jetzt, mich den Händen des Todes anzuvertrauen. Das ist das ganze Programm, nur darin besteht es. Ob noch irgend jemand sonst über mich verfügen wird, weiß niemand. Vor allen anderen werde ich von Ihnen Abschied nehmen. Aber wie gut und ernst ist das, wie herrlich!

Ich küsse Sie und küsse Jewfimija Alexandrowna die Hand. Ja! Danke für das ganze Bassin dieses großartigen Getränks!

Ihr B.

An Georgij und Jewfimija Leonidse   2.8.1951

Liebe Freunde Jewfimija Alexandrowna und Georgij Nikolajewitsch!

Wieder hatten wir das Glück, kurze Zeit mit Nina Alexandrowna (Tabidse) verbringen zu können. Sie hat uns unendlich viel von Ihnen erzählt, und wir haben viel an Sie gedacht. Geht bei Ihnen alles gut? Sind Sie und die Kinder gesund? Ich bin so froh darüber, daß Sie mit so freiem, von keiner Seite bestelltem Lob von den verschiedensten Seiten bedacht werden, daß der Name Leonidse so hoch geschätzt wird. Übrigens, ganz ohne

Scherz, wenn man daran denkt, ein Buch über Sie zu schreiben, haben Sie einen ungewöhnlich guten Kenner bzw. Biographen bei der Hand – in der Person von Nina, die sich vor Begeisterung verschluckt, aber außerdem sich mit eminenter Sachkenntnis über Ihre Musik, Ihre Sprache äußert. Nina kann Freundschaft von Sachlichem säuberlich trennen.

Aber, um des Himmels willen, wann werden Sie endlich aufhören, mich mit Ihren häufigen und gewaltigen Paketen zu beschämen? Wieder Wodka, Wein, Auberginen, Süßigkeiten und Nüsse in so märchenhafter Menge, noch dazu so unverdient, daß ich diesen ganzen Schatz für einen versteckten Vorwurf hielte, wenn meine Liebe zu Ihnen dies erlaubte.

Bleiben Sie gesund und kommen Sie recht bald zu uns zu Besuch nach Peredelkino. Interessantes gibt es bei uns nicht, das wird Nina, Zeugin unserer Existenz, bestätigen. Ihnen beiden und den Kindern die allerherzlichsten Grüße von Sina und mir, mit deren Stimmen sich seit einem Jahr die von Ljonja, Galja und Stassik vereinen, in solcher Vehemenz, daß unsere Anhänglichkeit kaum zu Wort kommt.

Ihr B. Pasternak

An Nina Tabidse 5. 10. 1951

Liebe Nina! Heute rief ich Fatjma Antonowna an, um mich zu erkundigen, was mit Ihnen los ist, und warum Sie nicht schreiben. Da stellte sich heraus, daß sie in Tbilissi ist. Sind Sie gesund? Wahrscheinlich sind Sie unterwegs, sammeln Material für die Arbeit, das erklärt Ihr Schweigen. Oder vielleicht sind Sie mir aus irgendeinem Grunde böse. Ich bin tatsächlich in den letzten Jahren so wortkarg und schweigsam geworden, daß es als Kälte und Herzlosigkeit erscheinen könnte. Aber Sie kennen mich doch so gut, daß der Augenschein Sie nicht täuschen kann. Ist vielleicht etwas Unerwartetes in Ihrem engsten Kreise geschehen, lenkt Sie irgendeine Neuigkeit ab, eine freudige oder unangenehme?

Ende August lieferte ich den gewaltigen und rätselvollen zweiten Teil des ›Faust‹ ab. Aber – etwas Unsterbliches und Ewiges zu schreiben oder zu übersetzen, das ist nicht einmal die Hälfte, ist einfach eine Bagatelle. Die Hauptsache ist die Lektüre der Redakteure, und Gott weiß, wie viele Monate sie sich in diese Arbeit eingraben.

Seit Ende August habe ich in diesen wundervollen Herbsttagen nichts anderes getan, als von morgens neun Uhr bis nachmittags um vier im Garten zu wühlen. Ich habe das ganze Gelände umgegraben, für das kommende Jahr Beete abgeteilt, Bäume umgepflanzt undsoweiter, undsoweiter. Die Schmerzen links in Schulter und Nacken haben nachgelassen, sind aber nicht vergangen. Den ganzen September verbrachte ich auf diese Weise allein in der Datscha, erst vorgestern bin ich in die Stadt übersiedelt.

Zu Ihrem Gekränktsein über meine faden, spärlichen und inhaltslosen Briefe gesellt sich vermutlich auch noch das Gekränktsein von Leonidse und Tschikowani.

Wie geht es Nita? Sina unternahm eine ungeheure Renovierung der Wohnung, es kostete sie viel Kraft, Bücher und Sachen von einem Raum in den anderen zu schleppen, das Streichen der Zimmer und anschließend das Saubermachen zu überwachen.

Erinnert Giwik sich noch an Peredelkino? Vor ein paar Tagen wurde der kleine Saschenka Smirnow gefragt, welche seiner Schwestern er mehr liebe, Lidotschka oder Tonja, und er antwortete: »Giwik.«

Die Unseren, einschließlich Galja und Stassik, küssen Sie und Giwik herzlich und senden Nita und Alexej Nikolajewitsch unzählige Grüße. Der lieben Fatjma Antonowna meinen herzlichen Gruß.

Ihr B.

Liebe Nina!
Verzeihen Sie, daß ich Ihnen mit soviel Verspätung für das Paket und die drei beigelegten Briefe danke. Es betrübt mich wieder sehr, daß Sie sich solche Mühe gemacht, sich so in Unkosten gestürzt haben. Anderseits, da ich so selten aus dem Haus komme, war es für mich eine vergnügliche Ablenkung, zum Bahnhof zu fahren. Der Zug bekam unterwegs mehr und mehr Verspätung und traf statt um fünf Uhr nachmittags um ein Uhr nachts ein. Auf ihn zu warten, war für mich eine unvorhergesehene Erholung. Um zwölf fuhr ich zum Bahnhof, es fiel leichter Schnee, der in Schneegestöber überging. Dieser verschneite Zug und im besonderen der Wagen Nummer sieben schwamm in die Dunkelheit des winterlichen Bahnhofs wie ein erkaltetes Stück heißen, glühenden Tiflis'. Die Schwierigkeit des Einandererkennens erleichterte Guram Assaniani, der zufällig mit demselben Zug kam und, wie sich herausstellte, im selben Coupé gesessen hatte. Ich entschuldigte mich aus tiefster Seele bei Sergo Kidiaschwilis Schwiegersohn, weil ihm meinetwegen so viele Unbequemlichkeiten aufgebürdet worden waren. Vielen, großen Dank für die Konfitüre und besonders von mir für die Kornelkirschen, die Nüsse, Kastanien, Tschatscha und Weinbeeren. Danke auch für die Erklärung, Sie hätten das Paket nur geschickt, damit wir uns beim Essen und Trinken Ihrer erinnerten; das hat mich sehr gerührt. Aber wie schrecklich muß es für Sie gewesen sein, auf dem Schlachthof zu arbeiten, und bestimmt auch schädlich. Ich fühle mich im großen Ganzen gut. Nach den letzten Monaten auf der Datscha war mir zunächst in der Stadt nicht recht wohl. Ich begann mein Inwendiges zu spüren, beim Suchen nach der Ursache entdeckte ich eine Schwellung und Verhärtung in der Herzgrube, Sina konnte es auch fühlen, und wir sahen einander bedeutungsvoll an. Ein Arzt, bei dem ich wie alle Patienten der Poliklinik zur Untersuchung und Überweisung angemeldet war, wollte mich auf eigenen Wunsch noch extra

ansehen, fragte ständig, wann ich frei sei. Er untersuchte mich, und unsere Verdickung stellte sich als der Schwertfortsatz heraus, der bei allen Menschen vorhanden sein sollte, bisher aber bei mir nicht war. Er verschrieb mir eine Diät, die meinen Gewohnheiten durchaus entsprach (Schwarzbrot, Gemüse, Buchweizengrütze usw.) und verbot mir jede Art von Alkohol. Im normalen häuslichen Leben gehorche ich, doch wenn ich irgendwo eingeladen bin, oder wenn wir Gäste haben, sprenge ich die Fessel, halte mich schadlos für alles Entbehrte und fühle mich am anderen Morgen prachtvoll.

Ich hatte vor, Professor Otschkin zu bitten, mir nach seiner Rückkehr aus den Ferien die Fettgeschwulst wegzuschneiden. Doch dann kam er selber krank nach Hause. Rücken, Brust und Seiten taten ihm weh, er hatte es für eine Neuralgie gehalten, dieser Diagnose hatten sich auch die Ärzte in Zchaltubo angeschlossen, wohin er nach einem vierwöchigen Aufenthalt in Gagry gefahren war. Doch jetzt stellte sich heraus, daß er mit einer nassen Rippenfellentzündung in beiden Kurorten im Meer gebadet hatte.

Ich erzähle noch ein bißchen von mir selbst. Ich möchte, solange ich frei bin, das letzte, abschließende Heft vom ›Schiwago‹ schreiben. Es gibt bei mir Perioden der Verzagtheit und Selbstzerstörung, es gibt auch andere, in denen ich ruhig und klar sehe, daß ich nicht vergeblich gelebt und mich abgemüht habe. Den ›Faust‹ gab ich schon vor drei Monaten ab, und die Redakteure (vor allem Nikolaj Nikolajewitsch Wiljam *, den Sie bei uns kennengelernt haben) hocken drauf und werden noch endlos drauf hocken, viel länger, als ich für die Übersetzung gebraucht habe, auf diese Weise halten sie das erarbeitete Honorar und die Publikation des Buches zurück.

Ach, wie bin ich froh, so froh, daß ich durch mein wirkliches irdisches Schicksal lebe und nicht durch eine »Lage«, deren Entstehungsgeheimnis in all den tausend Fällen ausnahmslos so einfach ist, so schmählich einfach!

Ich möchte Ihnen noch vieles schreiben, aber der Brief liegt

schon eine Woche, wartet auf Fortsetzung. Da ist es besser, ich schicke ihn unvollendet, damit wenigstens meine Dankbarkeit Sie erreicht.
Ich küsse Sie von Herzen.   Ihr B.

An Nina Tabidse   4.1.1952

Liebe Nina!
Ihnen, Giwik, Nita und Alexej Nikolajewitsch vielen Dank für Telegramm, Gratulation, gute Wünsche und gutes Gedenken. In Ihrem Paket war ein Nußgebäck von solcher Beschaffenheit, daß Sina und Ljonja sich nicht davon losreißen konnten und sich zwei Tage lang allein davon ernährten. Danke für alles, für die Tschurtschcheli *, die Nüsse, Rosinen, Kornelkirschkonfitüre! Aber, liebe Nina, wo finde ich bloß Worte, Sie zu beschwören oder dazu zu bewegen, daß Sie uns nichts schicken oder bringen, ausgenommen sich selber! Nie wieder sollen Sie soviel Kraft und Zeit verschwenden, belasten Sie mich nicht mit dieser Bürde, die Sie Freunden und Bekannten aufladen. Nicht einmal Pogodin darf noch trinken, von mir ganz zu schweigen. Die Tschatscha trank ich furchtbar gern und pries sie derartig, bis ich selbst genauso schädlich und unvernünftig war wie sie. Seitdem hat sich vieles geändert, ihre Stärke und ihr Aroma vergehen ungenutzt. Dem Schicksal hat es gefallen, meinen Abschied von ihr symbolisch zu gestalten, auf daß nicht ein Tröpfchen noch in irgendeine Kehle sickere. In der Sylvesternacht hatte zum Abschluß Liwanow die Borshomflasche mit der Tschatscha in der Hand, bemäkelte etwas an Richter und knallte die Flasche so auf die steinerne Fensterbank, daß die Tschatscha explodierte und als Fontäne bis an die Zimmerdecke spritzte. Wie es eigentlich passierte, weiß ich nicht (ich war gerade für fünf Minuten nach oben gegangen, als es geschah), aber noch eine ganze Woche roch das Eßzimmer nach Weintrauben.

Wir haben das neue Jahr sehr schön begrüßt. Erst wollten wir uns mit Tschikowanis und Lundbergs zusammentun, also in ruhiger Gesellschaft. Aber im letzten Augenblick ließen uns die einen wie die anderen aufsitzen, und das brachte uns in Gefahr, als Narren dazustehen mit unseren zunichte gewordenen Berechnungen auf ein Neujahrsomen für das ganze Jahr. Aber eine oder zwei Stunden vor Mitternacht disponierten wir um, und ich begrüßte das neue Jahr genauso, wie ich gewollt hatte: im Lärm, dessen Quelle nicht allein meine Kehle war, unter vielen Menschen, wie es sich natürlich und frei ergab, ohne hysterische Feierlichkeit und Verkrampfung. 24 Menschen hatten wir im Haus, sie blieben bis acht Uhr morgens. Es waren Tschagins, Liwanows, Iwanows, die älteren Neuhaus', Shurawljows, Richter und Dorliak, der Maler Chodassewitsch (Neffe von Wladislaw Felizianowitsch *) und noch viele andere. Ich schreibe Ihnen all das, weil Sie in meinen Gedanken auch bei uns waren und ich Ihnen das Milieu schildern muß, damit Sie wissen, wer Ihre Nachbarn sind. Sina, ich, Ljonja und all die Unsrigen küssen und umarmen Sie, Nita, Alexej Nikolajewitsch und Giwik.

Ihr B.

An Georgij Leonidse 9.4.1952

Lieber Georgij Nikolajewitsch.
Als Jelena Dawydowna * mir diese Rohübersetzung * brachte, sagte ich ihr, daß ich mit Übersetzungen aus mir bekannten Sprachen beschäftigt sei, und daß ich außer vom ›Faust‹ von Arbeit an eigener Prosa verschlungen werde. Einige Stellen der Rohübersetzung gefielen mir, besonders die, in denen Vergangenheit und Gegenwart kompliziert und verwickelt ineinander verwoben sind, die sich in eins fügenden Strophen vom Tode Barataschwilis und seine Apotheose. Ich begriff, daß außer mir kein Übersetzer würde enträtseln können, welche Verse – in der Wiedergabe der Rohübersetzung – von Barata-

schwili und welche von Ihnen sind; und auch wenn Sie es kenn-zeichneten, könnte doch keine Übersetzung Distanz zwischen dem einen und dem anderen so schaffen, daß der russische Leser unterscheidet und begreift, was in ihnen widerhallt, und wo sie sich überkreuzen und miteinander verflechten. Ich gab den Gedanken, diese Rohübersetzung zu rhythmisieren, völlig auf.

Aber dann rief uns Jewfimija Alexandrowna an. In uns, bei Sinaida Nikolajewna und mir, weckten ihre Beschwerden und Zweifel hinsichtlich der Ärzte und Krankheiten, ihr ruhiger, sanft scherzender Ton, in dem sie davon erzählte, das Gefühl des Verwandten, Nahen, ihre Sorgen wurden unsere eigenen. Die Rohübersetzung erwies sich als eine ihr sehr wichtige, am Herzen liegende Angelegenheit, und gehorsam wie in Trance begann ich, den Text in Gedichtform zu bringen. Als Jewfimija Alexandrowna mit Fatjma Antonowna bei uns war, sagte ich Fatjma, ich hätte das Gefühl, die Rohübersetzung stamme von ihr, und ich sei unzufrieden mit ihrer Arbeit.

Sie werden nun sehen, genau wie ich prophezeite, kam wirklich ein schwächlicher Unsinn heraus, und nicht nur, weil ich es schlecht gemacht habe, sondern weil die Aufgabe unausführbar ist. Nur im Original, nur in Georgien kennt das Ohr die bekannten Stellen aus Barataschwili auswendig und kann die Begegnungen und Unterbrechungen nachvollziehen. In keiner Übersetzung, in welche Sprache auch immer, ist dieses Spiel wiederholbar.

Trotzdem habe ich diesen im voraus zum Mißerfolg verurteilten Versuch zu Ende geführt und gebe Ihnen die Seiten der Kuriosität halber, ohne jede Verpflichtung und Konsequenz, ich verbinde damit keinerlei finanzielle oder andere ehrgeizige Begierde. Dies ist keine Übersetzung, und wenn Sie meinen, daß Ihre Verse übersetzbar sind (die Rohübersetzung gibt sie nur zum Teil und sehr schwach wieder), lassen Sie sie von jemand anderem übertragen. Meine Übersetzung sollte nicht gedruckt werden, auch in meinem eigenen Interesse nicht. Ihr haftet, wie dem offenkundigen und mir selbst bewußten Mißerfolg,

etwas von dieser mediokren Art an, die es liebt, das Große für
das Kleine auszubeuten und darin sein Glück zu sehen.
Wenn Sie in Moskau sein werden, kommen Sie mit Jewfimija
Alexandrowna zu uns und bringen Sie Fatjma Antonowna mit.
Ich umarme Sie.

Ihr B.

Vielleicht sollte man die ganze Übersetzung kürzen, schät-
zungsweise auf die Hälfte, und alle unübersetzbaren, unge-
nauen und sich wiederholenden Verse herausnehmen? Das
wäre am Ende etwas besser, wenigstens die Intention würde
lebendig werden.

An Nina Tabidse   3.6.1952

Nina, meine Teure!
Ich will Ihnen noch heute, am selben Tag, an dem Sie angerufen
haben, schreiben. Ihre Stimme war so deutlich, so voller Feuer
und Übermut, genauso wie Sie die Lesginka tanzten, als wir
zusammen im Leningrader Hotel beim Bahnhof hausten, und
in dieser Stimme waren Sie so ganz enthalten, mit dem ganzen
Lebensfieber, daß ich unwillkürlich lächelte und Ihnen sagte:
Im Klang dieser Stimme hatte ich die volle Erklärung dafür,
warum ich Sie so liebe, wie ich Sie liebe.
Sofort sprach ich mit Fatjma darüber. Ich wundere mich unentwegt, wie sich Ihr ganzes Wesen im Klang der Worte so voll und
ungestüm mitteilt.
Wir haben diesen Winter sehr gut verbracht. Krankheiten beanspruchen manchmal mehr Aufmerksamkeit und Zeit, als sie
im Leben Platz haben, deshalb wendet man sich an die Ärzte.
Untersuchungen werden angestellt, und das wird zum unange-
messenen Thema. Ich erinnere mich schon nicht mehr an
meine Malaisen vom Mittwinter.
Wir lebten gut, kannten keine Not, es gab keine besonderen

Ausfälle gegen mich, und wenn es sie gab, erfuhr ich nichts davon. Ich revidierte den Shakespeare für die Neuausgabe und den gerade erst fertig gewordenen ›Faust‹ und schrieb ein bißchen an der Fortsetzung des Romans. Vor drei oder vier Wochen versprach ich einem engen Freundeskreis, in den auch Sie gehörten, wenn Sie hier zu Gast wären, zum Abschied vor der Übersiedelung auf die Datscha noch etwas vorzulesen. An dieses Versprechen war ich gebunden, und so setzte ich mich nun richtig an die Arbeit, bis dahin hatte ich nur vorbereitende Konzeptaufzeichnungen. Wieder wie mehrmals im Leben packte mich die Arbeitskrankheit, nichts existierte außer ihr, völlig gleichgültig überhörte ich Telefongeklingel, nahm den Hörer nicht ab. Die Lesung war auf gestern abend (2.6.) festgesetzt. Die Zeit verging, ich hatte noch nicht alles niedergeschrieben, und an den letzten Tagen stand ich um fünf, um sechs Uhr auf, um rechtzeitig fertig zu werden, denn die Lesung ließ sich nicht verschieben. Just da kam Jefimija Alexandrowna an, Fatjma Antonowna teilte es mir mit. Aber ich mußte ihr bekennen, daß vor der Lesung meine Minuten gezählt seien.
Während ich Ihnen das schreibe, fallen mir vor Müdigkeit die Augen zu. Ich tue, was mir mein Gewissen vorsagt und alles ganz ohne Ziel. Aber ich kann das nicht ändern, und es wird immer so sein.
Ljonja war gestern zum ersten Mal unter den Zuhörern, zum ersten Mal bekam er einen Begriff von dem, was ich schreibe und wodurch ich lebe, nicht weil er bisher zu jung gewesen wäre, er ist herangewachsen, sondern weil ich immer, je mehr ich jemanden liebe, mich desto mehr bemühe, Quelle der Freiheit für diesen Menschen zu sein. Und im Haus sollte nie der Gedanke aufkommen, ich müßte anerkannt werden. Überdies habe ich mich nie für einen so umwerfenden Klassiker oder eine solche Autorität gehalten, daß ich den Kindern etwas aufgedrängt oder empfohlen hätte. Und deshalb war es mir nicht gleichgültig, wie ein heutiger Pionier und morgiger Komsomolze, der zu anderer Auffassung einiger historischer Zeitspannen erzogen ist und zu anderer Art der Schilderung von Natur,

Wirklichkeit und allem in der Welt, sich zur Wiedergabe all dessen durch mich verhält. Er hatte von den vorhergehenden Teilen des Romans keine Ahnung, und die normale eifersüchtig-kritische Haltung halbwüchsiger Kinder zu ihren Angehörigen in Gegenwart Fremder, in Gesellschaft, würde ihm die Rezeption noch erschweren.

Aber die Lesung fand oben in seinem Zimmer statt, und so war er natürlich mit eingeladen.

Es war eine große Freude für mich, daß er auf meine Frage, ob es denn auch ihm gefallen habe, seine gewöhnliche Schüchternheit überwand und tief errötend sagte: »Sehr, sehr!« Und später hörte ich, wie er am anderen Tischende Sina widersprach, die fand, dieses Kapitel sei nicht so lakonisch wie die vorhergehenden.

Liebe Nina! Ich bin von Natur ein Karrengaul und kann nur im Zustand der Anspannung leben. Wenn ich einmal nicht in Hetze bin und nur einen oder zwei Tage lang nichts tue, sofort taugt mein innerer Apparat ganz und gar nichts mehr, ich bin mir dann so zuwider, daß ich, wenn alle aus dem Hause sind, zur Reinigung meiner Seele Rhizinus nehme (wenn es bemerkt wird, erlaubt man es mir nicht). Verzeihen Sie diesen Schluß. Kommen Sie bald.

Ihr B.

An Simon und Marijka Tschikowani   14.6.1952

Meine lieben Simon und Marijetschka! Wie sieht es bei Ihnen aus? Wie leben Sie beide? Kommen Sie bald nach Moskau, wann werden wir uns sehen? Morgen fahren wir auf die Datscha. Und wenn Ihre Absicht der Frühlingsreise noch besteht, so erwarten wir Sie in Peredelkino.

Nach Ihrer Abreise fühlte ich mich die ganze Zeit über gut, besonders im letzten Monat, seitdem ich die Prosa wieder etwas vorantrieb (ich arbeite an einem neuen Teil). Vor zehn Tagen las ich einem engen Freundeskreis daraus vor, in den Sie beide

auch gehören und den Sie bei uns getroffen haben: Shurawljows *, Achmatowa, Skrjabina * und andere.

In diesen Tagen meiner Arbeitsbesessenheit (ich kann nur in
höchstem Zeitdruck, wie im Rausch ohne Rast und Ruh wirklich arbeiten, dann ist Arbeit für mich wahre Glückseligkeit)
kam Jewfimija Alexandrowna an. Als ich nach dieser animali-
schen Periode wieder Mensch geworden war, telefonierten wir,
und sie sprach so verständig und ruhig über ihre Krankheiten,
so ganz als Mutter einer großen Familie und Haupt eines starken und komplizierten Lebens, daß ich unbedingt mit meinen
eigenen Händen irgendwie der von ihr geführten Welt und ihrem Haus dienstbar sein wollte; und so machte ich mich daran,
Georgij Leonidses Dichtung über Barataschwilis Tod zu übertragen und zu rhythmisieren. Es steht und fällt mit dem Wech-
sel zwischen den Versen des Autors und Zitaten aus Barataschwili, und in diesen Unterbrechungen und Kontrasten
kommt es sicherlich nur im Georgischen zum Klingen, aber in
der Rohübersetzung verwirrt sich alles und wird unübersetz-
bar. Im Winter, als mir Jelena Dawydowna die Rohübersetzung
brachte, lehnte ich den Versuch ab, irgend etwas daraus zu machen, trotz einiger sehr guter Stellen, in denen der grenzenlose,
hilflose Jammer über Barataschwilis Schicksal und Ende sich
ausdrückt, und einigen Strophen, in denen die große Wandlung
geschildert wird. Trotz dieser Stellen echter Beseeltheit ist in
der Rohübersetzung so viel Inkonsequenz, gibt es so viele un-
klare Stücke und Wiederholungen, daß vieles unverständlich
bleibt. Es war unlogisch und vielleicht auch gewissenlos von
mir, daß ich trotzdem die Bearbeitung vornahm. Es kam (bei
mir!) ein solcher Unfug heraus, daß sogar ein so guter und diplo-
matischer Mensch wie Georgij Nikolajewitsch die Sache nicht
akzeptierte.

Es wiederholte sich die Fabel vom ›Einsiedler und dem Bären‹
mit der Moral, daß ein diensteifriger Narr gefährlicher ist als
ein Feind. Und als solch ein Narr habe ich mich erwiesen. In der
Tat: für mich, Sina, Jewfimija Alexandrowna und Leonidse
kam aus dem Ganzen nicht mehr Freude und Nutzen, als wenn

ich 48 Stunden lang mit dem Kopf gegen die Wand schlüge. Anscheinend ist es mir nicht mehr gegeben, nach Rohübersetzungen zu arbeiten, sondern nur noch aus Sprachen zu übertragen,
die ich kenne.

Ach, wenn ich doch nur ein Teilchen der eigenen inneren Ruhe
und der Zufriedenheit mit meinem Leben Ihnen schicken
könnte, d. h. warum eigentlich? – Wahrscheinlich haben auch
Sie keinen Mangel an Gefühlen, die Sie gerne mit Freunden teilen möchten. Aber ganz sicher ist ein noch dickfelligeres Rind-
vieh als ich nirgends zu finden. Und ich bin gegen alles gefeit.

Von denen, die den Roman gelesen haben *, sind die meisten
nicht zufrieden, halten ihn für mißglückt, sagen, sie hätten von
mir Größeres erwartet, er sei blaß und unter meinem Niveau;
aber ich höre mir das alles an, zerschmelze in Lächeln, als sei es
weder Schelte noch Kritik – sondern Lob.

Ich küsse Sie beide herzlich.   Ihr B. P.

Hören Sie, Tschikowani-Madame und Tschikowani-Mon-
sieur: hier im Norden sehnen sich alle nach Ihnen. Kommen
Sie zu uns auf die Datscha nach Peredelkino!!!
Alle Meinigen grüßen die Ihren.   Ihr B. P.

Ich liebe Sie beide sehr. Fürchten Sie nichts, lassen Sie sich
durch nichts irre machen.

An Fatjma Antonowna Twaltwadse   22.6.1952

Liebe Fatjma Antonowna!
Warum sind Sie nicht zusammen mit Jewfimija Alexandrowna
gekommen, wie ich vage gehofft hatte? Aus dem Gespräch mit
ihr erfuhr ich, daß Georgij Nikolajewitsch mit den Töchtern
gerade erst abgefahren ist und noch nicht in Moskau sein kann.

Sie mußte daher ohne ihn kommen, um später, am 29., uns diese Freude noch einmal zu machen, mit Ihnen als Zugabe.

Hier sind vier Gedichte von Zereteli. Obwohl sie besser gelangen als die Sache von Leonidse (über Baratschwili), taugen sie dennoch nichts... Aber immerhin bleiben sie nicht in dieser kläglichen Verschwommenheit stecken wie bei Leonidse. Wenn es Georgij Nikolajewitsch nur nicht kränkt! Es liegt nicht daran, daß es im einen Fall klassische, im anderen moderne Poesie ist, sondern daran, daß ich Leonidse in der Stadt übersetzte, Zereteli aber in dieser Woche schon auf der Datscha, hier ist Anmut und Stille.

Und obwohl ich mich bei Zereteli einem Minimum an Bestimmtheit näherte (vielleicht auf Kosten stellenweisen Nichtverstehens und einiger unbeabsichtigter Abschweifungen), ist das Ergebnis trotzdem scheußlich, und Sie und Margwelaschwili werden im Beigefügten jenes garstige Stück von stümperhaftem Trommelpathos erkennen, das generell ein Gedicht von einer Übersetzung unterscheidet. Ich glaube nicht, daß mehr dabei herauskommt, wenn ich mich noch einmal an die Sache mache, und so enttäusche ich Sie also.*

Für alle Fälle, eins steht fest: Wenn die Gedichte in dieser Form nicht gefallen, so schwöre ich Ihnen mit meinem heiligsten Eide, daß es mich nicht kränken wird, wenn Sie sie in den Papierkorb werfen und Margwelaschwili die Rohübersetzungen jemand anderem zur Bearbeitung gibt...

Dies ist nicht dasselbe, was ich Leonidse schrieb. Da ist die Sache klar, und wie man auch versuchen wird mich umzustimmen, ich weiß, daß die Übersetzung hoffnungslos schlecht ist. Wenn aber Margwelaschwili darauf besteht, sie irgendwo zu drucken, erbitte ich die Übersetzung zurück, um sie wenigstens ein klein wenig in menschliche Form zu bringen. Bei Zereteli ist das Ungenügen an dem von mir Zustandegebrachten nicht so offenkundig; ich tat, was ich konnte. Verzeihen Sie mir diesen endlosen Traktat. Grüßen Sie das ganze Haus Leonidse. Wenn Sie am Sonntag, den 29.7. nicht kommen, fasse ich das als Erklärung ewiger Feindschaft auf. Wenn Sie kommen, stört das die Harmonie mit der Leonidse-Seite in keiner Weise. Bringen Sie Margwelaschwili mit. Schweinerei, daß ich mich in Briefen auf derart theoretische Improvisationen einlasse. Einem Menschen, dem es wichtig ist, welchen Eindruck seine Angewohnheiten hervorrufen, ist so etwas nicht erlaubt.

Der an der Schmählichkeit des Vorgegangenen Schuldige in Verehrung und Liebe

Ihr B. P.

An Simon und Marijka Tschikowani   2.7.1952

Lieber Simon und liebe Marijetschka!
Dienstag muß ich in die Stadt, und ich habe die leise Hoffnung, in der Wohnung einen Brief von Ihnen vorzufinden. Aber auch wenn das nicht der Fall ist, möchte ich mich jetzt ein bißchen mit Ihnen unterhalten.
Schon bald nach meinem Frühjahrsbrief an Sie erfuhr ich von Fatjma Antonowna, daß ernsthafte Unannehmlichkeiten Ihr Dasein verdüstern. Als Nina vor einem Monat kam, erfreute sie uns mit der Nachricht, daß bei Ihnen alles wieder seinen normalen Verlauf nimmt.
Ich bin sehr froh darüber, empfinde ich Sie doch als einen Künstler mit ganz besonderem Stern, mit besonderen Aufgaben und besonderen Verdiensten, so daß vor dieser Empfindung das Mitgefühl mit Ihren Lebenswidrigkeiten erst den zweiten Platz einnimmt; und das schöpferische Bild des Menschen, der so souverän begabt ist, soviel gesucht, soviel gefunden und verwirklicht hat, leidet nicht unter den Prüfungen, die Sie heimgesucht haben, wächst nur und wird reicher mit jeder neuen Entwicklungsphase. Beim nächsten Wiedersehen sage ich Ihnen mehr zu diesem Thema.
Schon wieder rückt der Termin für Ninas Abreise heran, und wie jeden Sommer macht mich die bevorstehende Trennung traurig. Nina traf uns alle gesund an. Ljonja ist groß geworden, ein neues Lebewesen erschien auf der Welt: Stassiks und Gali-

nas Töchterchen Marina. Dieser Sommer hat viele Sonnentage, ich verbringe fast die ganze Zeit im Gemüsegarten und arbeite nichts.

Zu Sommeranfang, wie ich Ihnen schrieb, war Jewfimija Alexandrowna da, später kam auch Georgij Nikolajewitsch mit den Töchtern. Wir hatten eine sehr gute Begegnung, allerdings nur einmal. Jewfimija und Nestan * sahen wir öfter. Die Bestände herzlicher, in der Tat unverrückbarer Zuneigung, die unsere beiden Familien zueinander entdeckt haben, vergrößerten sich noch durch eine Reise zu viert nach Leningrad: Jewfimija, Nestan, Sina und Ljonja, die diese Bestände gekreuzter Herzenszüge in unermüdlicher Besichtigung der Stadt und ihrer Umgebung zum Zeitvertreib umsetzten.

Ich versuchte etwas von dem, was in meiner Seele für jeden von ihnen lebendig ist, in Tischgesprächen auszudrücken, war aber so erfolglos, daß alle sich abwandten.

Nicht erfolgreicher bearbeitete ich, wie ich Ihnen schrieb, Leonidses Poem über Barataschwili, danach drei Gedichte von Zereteli, und ich war beschämt, als die oben Genannten von diesem farblosen Unsinn mit Beifall sprachen...

Ich küsse Sie beide und grüße alle gemeinsamen Freunde und Bekannte.

Ihr B. P.

An Fatjma Antonowna Twaltwadse 30. 7. 1952

Liebe Fatjma Antonowna!
Ich habe den Umschlag von Margwelaschwilis Brief sehr ungeschickt aufgerissen, nämlich genau an dem Rand, auf dem seine Adresse vermerkt war, und deshalb muß ich nun wieder Ihnen schreiben. Zu dumm, daß ich den Brief nicht gestern abend in Ihrer Anwesenheit las, dann brauchte ich niemanden mit Briefwechseln zu belästigen, es hätte alles mündlich besprochen werden können: Ich bitte darum, daß Georgij Georgijewitsch (Margwelaschwili) oder Sie die trotz des Briefes von

G. G. von mir nicht ersetzbaren (und nicht verständlichen) Lücken des unterbrochenen, nicht genau verbundenen logischen Verlaufs bei Zereteli ausfüllen...

Sie fragen, weshalb, wenn ich den Text der Rohübersetzung nicht verstehe, wenn ich glaube, daß die Aufgabe der Übersetzung einiger Sachen, die in der Vorlage nicht genügend in sich geordnet und folgerichtig dargelegt sind, nicht durchführbar ist, weshalb, wenn nicht aus Geldgier oder Ruhmsucht, schlage ich dann eine andere, fernliegende Variante der Dichtung vor?

Ich antworte: Aus einem einzigen Grund. Ich möchte nicht, daß Sie oder Georgij Georgijewitsch denken, ich sei beleidigt oder sei zu faul oder drücke mich vor den Schwierigkeiten der Aufgabe usw. usw. Ich schicke eben deshalb eine andere Übersetzung, um Sie hinsichtlich dieser Gedichte zu befreien, damit Sie, wenn Sie sich jemand anderem zuwenden, wissen, daß in dieser Frage nichts Verstecktes haften bleibt usw. usw.

Jetzt von etwas anderem. Wenn Sie bei einer Gelegenheit (vielleicht durch Leonidse) mit Nina Alexandrowna (Tabidse) zusammenkommen, sagen Sie ihr unbedingt, daß wir Sie immer hier mit Freuden zu Gast erwarten, aber daß wir sie anflehen, nicht kofferweise Geschenke anzuschleppen. Erstens haben wir hier alles, und zweitens hat Sina selber die Tendenz, Überflüssiges anzuschaffen, in ihrer Unversehrtheit gefährdete Vorräte. Erlaubt man irgendjemandem, auf diesem Gebiet mit ihr zu konkurrieren, wird aller Wahrscheinlichkeit nach genau jener Zeitpunkt kommen, an dem ich eines Tages wahnsinnig werde.

Ihr gemeinsamer Besuch hinterließ uns die allerschönsten Erinnerungen. Familie Leonidse empfanden wir wie Verwandte, auch darüber sprachen wir bei uns zu Hause. Nur geriet ich mehrmals ins Stocken, wenn ich über Jewfimija Alexandrowna sprach, weil ich Blicke auffing, die Nestan mit ihrem Vater wechselte, so als ob ich mich wie ein Narr aufführte. Das war schmerzlich.

Bleiben Sie gesund. Über das Thema Rohübersetzungen, welcher Art auch immer, werden wir nie wieder im Leben sprechen.

Ihr B. Pasternak

P. S. Vor meiner Rückkehr in die Stadt im Herbst sollen sich G. G. und Anna Sacharowna keine Sorgen über die geschäftliche Seite dieser Lappalien machen. Sie sind mir nicht wichtig, ich vergaß sie, und beide sind bezüglich des Getanen vollkommen frei.

An Nina Tabidse 6. 9. 1952, Sonnabend

Liebe Nina!
Eben kam Stassik an, und ich erfuhr, daß er mit Milotschka in Ihrem Zimmer gewohnt hat, und daß Nita vier oder fünf Tage ihres geschäftigen, arbeitsreichen Lebens auf sie verschwendet hat. Gerade das ist mir besonders peinlich, weil ich selber dieses Opfer (der freien Zeit) niemals jemandem bringen würde. Ich wollte eben meine Dankbarkeit in diesem Brief ausdrükken, als ich von der plötzlich aus der Stadt herausgekommenen Sina erfuhr, daß Nitotschka nach Moskau gekommen ist und zehn Minuten bei ihr und Ljonja blieb, bis das bestellte Taxi kam. Sie baten sie, mit ihnen zusammen nach Peredelkino zu fahren, aber Nita hatte noch zu tun und versprach, morgen, Sonntag auf die Datscha zu kommen. Darum unterbreche ich den Brief und schreibe weiter, nachdem ich sie gesehen habe.

Montag, 8. Sept.

Merkwürdig, in der Nacht nach diesem Brief vom Sonnabend zum Sonntag habe ich kein Auge zugetan, ich wälzte mich schlaflos die ganze Nacht. Ein paarmal war ich nahe daran, einzuschlafen, jedesmal weckte mich Mischkas Bellen unter dem

Fenster, dann war meine ganze Fähigkeit zu schlafen verbraucht. Mich erbitterte das, denn wir erwarteten Gäste zum Sonntag, die ich im Vollbesitz meiner Kräfte empfangen wollte, nicht als unausgeschlafener Schatten. Außerdem glaubte ich nicht richtig an Nitas versprochenen Besuch und hatte am Abend, vor der Schlaflosigkeit, beschlossen, gleich morgens sie telefonisch über Fatjma Antonowna ausfindig zu machen, und wenn das nicht gelänge, selbst nach Moskau hineinzufahren und sie zum Mittagessen nach Peredelkino zu holen. Meine schläfrige Schwäche hat das alles verhindert. Statt dessen arbeitete ich wie immer den ganzen Morgen im Garten.

Als erste kam Nita mit einer Freundin. Die Fotografien, die Sina und Ljonja von ihrer Reise mitgebracht haben, geben Nita nur schlecht wieder. Die ganze Pracht ihres Gesichts liegt ja in seiner Lebendigkeit und Beweglichkeit: wenn sie spricht, sich wundert oder lacht, in der Aufwallung einer starken Gemütsregung. Ich betrachtete sie und ergötzte mich an dem Feuer, das sie beseelt, dem Feuer des Geistes und der Hochherzigkeit, dem Feuer ihrer unabhängigen Art zu denken und zu fühlen. Nach der absolut schlaflosen Nacht, in dem Zustand, in dem ich mich den ganzen Tag über befand, konnte ich nur zwei Dinge tun, um die langsamen Stunden des Tages zu füllen: umgraben und die Apfelbäume mit Mist und Erde anhäufeln und Nita betrachten und ihr zuhören. Die Apfelbäume versorgte ich mit trockenen Augen. Aber im Entzücken über Nita kamen mir die Tränen und trübten meinen Blick, nicht nur wenn wir uns gemeinsam erinnerten, mir die Stimme brach und mich hinderte zu sprechen, sondern auch jedesmal, wenn Nita Zeugnisse ihres feinen Verständnisses für das Leben und für ihre Beziehung zum Leben gab, und wenn ich mich freute, daß sie *so* ist. Mich schmerzt es, daß sie mich so fade und müde und so gleichgültig gegenüber allen anderen am Tisch erlebte. Vor kurzem, während Sinas Abwesenheit, als das Haus unter meiner Regie still und streng war, ohne überflüssige Vorräte, kamen und übernachteten in meinem Zimmer Liwanows, und bis drei Uhr in der Nacht saß Fedin mit uns (den Wein borgten wir bei den

Nachbarn, denn der Laden hatte schon geschlossen, als sie ankamen). Aber wieviel Liebe und wieviel Gedanken brachten diese Menschen mit. Mir verging die Zeit so interessant, in so lebhaftem Gespräch! Als ob mein eigenes Leben in ihrer Gestalt zu mir käme und mir viel Frohes und Notwendiges sagte! Schade, daß Nita sie nicht bei mir traf oder doch jemanden von ihrer Art. Denn hier vergaß man sogar, an die frische Luft zu gehen, und nur Anna Nikandrowna dachte daran, daß unten Bäume stehen, übervoll von Äpfeln, und sie ging hinunter und spazierte die Reihe entlang. Aber bei Tisch ging es zu wie bei einem Begräbnis, und ich war zu schlapp, darauf zu bestehen, im Garten zu essen und zu trinken. Es schmerzt mich so sehr, daß Nita mich so teilnahmslos den anderen gegenüber sah und vielleicht den falschen Schluß daraus zieht, ich sei in höchstem Grade Eigenbrötler geworden – aber das ist nicht so.

Nun gut, der Brief muß trotzdem zum Ende kommen. Eine Menge Anlässe, Nita selbst, ihre Ähnlichkeit mit dem Vater, zahllose Begebenheiten jener Zeit, an die wir dachten, erinnerten mich von neuem daran, wie schrecklich und zur Hälfte des Ziels beraubt mein Leben ohne Tizian verstreicht. Aber wie könnte ich Ihnen auch anderes sagen? Wie oft ertappe ich mich bei dem Gedanken, daß, vielleicht, Sie und Nita mir nicht so verwandt, nicht so gleich wären, wenn Sie ein leichteres Schicksal gehabt hätten, wenn Sie ein Automobil besäßen, und wenn sie verwöhnt und verdorben worden wären durch Geschwätz, Tändeleien und Nichtstun. Ich bin so froh, daß Sie arbeiten müssen, weil ich selber ein Mensch bin, der daran gewöhnt ist, daß der Tag mit Arbeit angefüllt ist wie der Himmel mit Sonne, ich bin ganz auf die Aufgabe und das volle Ziel gerichtet, nicht auf homöopathische Dosen. Nun aber genug damit, Schluß.

Sagen Sie Familie Leonidse, daß zwei Dinge vergessen wurden; das eine: Sina vergaß, Ihnen die in Peterhof aufgenommenen Bilder mitzugeben (der Fotograf hat Sina und Ljonja verschönt, aber Jewfimija und Pesso, die außerhalb des Brennpunkts standen, entstellt – ich liebe diese Bilderchen nicht). Das zweite:

Jewfimija und Pesso vergaßen im Hotel in ihrem Zimmer einen Handspiegel, und durch Ljonjas Mitschüler gelangte er zu uns nach Peredelkino, phantastisch! Alle, die es mögen, küsse ich herzlich. Sie haben eine außergewöhnliche Tochter, Nina. Ich küsse Sie herzlich.

Ihr B.

An Nina Tabidse 17.1.1953

Ninotschka! Ich bin am Leben geblieben, ich bin zu Hause. Ach, wie vieles möchte ich Ihnen unbedingt sagen.

Unbeantwortet blieben Ihre erschütternden, mit innerster Seele und Herzblut geschriebenen Briefe aus drei Perioden, angefangen mit denen vom Herbst, in denen Sie über Nita schrieben und davon, daß Sie meine Bücher wiedergelesen haben, dann jene, in denen Sie Sina anboten, ihr zu Hilfe nach Moskau zu kommen und schließlich die letzten, in denen Sie sich an Sina wie an eine leibliche Schwester wenden... wo gibt es Worte, Ihnen zu danken?

Ich möchte, daß Sie und Simon mit Marijka und Georgij Leonidse mit Jewfimija Alexandrowna etwas erfahren sollen. Ich wiederhole, es ist für die Aller-allernächsten.

Einigen kommt es manchmal so vor: »Ja, alle diese großen Worte, Idealismus, Schöpfertum und diese Reden und Trinksprüche sind zu ihrer Zeit gut bei freundschaftlichem Bankett, bis zur ersten wirklichen Not und zur ersten ernsten Prüfung. Sehen wir mal zu, was von all dem übrig bleibt bei der ersten Berührung mit dem Unabwendbaren...«

Als es geschah, als man mich fortgebracht hatte, lag ich fünf abendliche Stunden im Aufnahmeraum und dann die Nacht über im Korridor eines gewöhnlichen, riesigen, überfüllten städtischen Krankenhauses, da überkam mich in den Intervallen zwischen Bewußtlosigkeit und den Anfällen von Übelkeit und Erbrechen Ruhe und Glückseligkeit.

Ich glaubte, daß durch meinen Tod nichts Unzeitgemäßes,

Heilloses geschähe. Sina und Ljonitschka waren für ein halbes, ja für ein Jahr versorgt, dann würden sie sich umsehen und etwas unternehmen müssen. Sie haben Freunde, niemand wird ihnen ein Leid antun. Und das Ende würde mich nicht in der Hitze unvollendeter Arbeit überrumpeln. Das Wenige, das ich zwischen den Hürden, welche die Zeit aufgestellt hatte, getan habe, war fertig (Die Übersetzungen: Shakespeare, Faust, Barataschwili). Und daneben ging alles seinen gewohnten Gang, so erhaben gruppierten sich die Dinge, so scharf hoben sich die Schatten ab! Der werstlange Korridor mit den Körpern der Schlafenden, beladen mit Dunkelheit und Stille, endete an einem Fenster zum Garten hin in die tintentrübe Regennacht mit dem Widerschein der Moskauer Lichter hinter den Baumwipfeln. Und dieser Korridor und die grünbeschirmte Lampe auf dem Tisch der diensthabenden Schwester und die Stille und die Schatten der Wärterinnen und die Nachbarschaft des Todes hinter dem Fenster und hinter dem Rücken – all das war in seiner Konzentration so abgrundtief, ein so übermenschliches Gedicht.

In dieser Minute, die die letzte meines Lebens zu sein schien, hatte ich stärker als je zuvor den Wunsch, zu Gott zu sprechen, das Gesehene zu preisen, es einzufangen und zu bewahren. »Herr«, flüsterte ich, »ich danke Dir dafür, daß Du die Farben so satt aufträgst, daß Du Leben und Tod so gemacht hast, daß Deine Sprache Erhabenheit und Musik ist, daß Du mich zum Künstler gemacht hast, daß Schöpfertum Deine Schule ist, daß Du mein ganzes Leben auf diese Nacht vorbereitet hast.« Ich *jubelte und weinte vor Glück.*

Nun fragen Sie immer noch, wie es mir geht, wo ich bin, wie ich mich fühle. Das Herz ist noch ständig zu spüren: bei Bewegungen, im Gespräch, sogar beim Schreiben dieser Worte. Es heißt, das würde noch lange so bleiben, aber später vergehen.

Mein Hauptkummer ist das Schulter-Nackensyndrom, das besonders die Halswirbel belästigt. Im letzten Sommer, als ich mich viel bewegte, war es besser geworden, und ich spürte es nicht mehr; vom unbeweglichen Liegen in den letzten beiden

Monaten hat es sich in erstaunlichem Maße verschlimmert. Es schmerzte sogar, wenn man mich nur aufrichtete, diese Entdeckung trübt die Freude an der Genesung.

Tschikowani und Leonidse sandten Telegramme mit Genesungswünschen, gratulierten zum Neuen Jahr, Jewfimija und Pesso gratulierten Ljonja zum Geburtstag. Unendlichen Dank für ihr Gedenken und ihre Wärme.

Es wird mir schwer fallen, jedem sofort und im einzelnen zu schreiben: die ganze Zeit über bei Gesprächen und beim Schreiben rollt ein schmerzhafter Klumpen in der Kehle (vermutlich eine Nachwirkung des Herzinfarktes).

Erzählen Sie ihnen von meinen Empfindungen im Krankenhaus. Sie sollen das wissen, nicht nur als die nächsten Freunde, als Menschen, die ich liebe, es ist viel mehr: sie sollen es wissen als die wenigen Vertreter jener Welt, die in den vom Tod durchwehten Stunden von mir überprüft und in meinem Empfinden groß wurde und sich bestätigte.

Sina geht es besser. Sie hat Unendliches für mich getan und mich gerettet. Sie hat eine Leberreizung. Wir werden zusammen auf einen Monat ins Sanatorium fahren, wissen aber noch nicht genau, wohin und wann.

Ich küsse Nita, Giwik und Alexej Nikolajewitsch. Urteilen Sie nicht zu streng über meinen Brief. Es fällt mir noch schwer zu schreiben, es ist auch noch schädlich und verboten.

Ihr B.

An Nina Tabidse   7.7.1953

Liebe Nina!

Warum fahren Sie nicht? Ich tue jetzt etwas Unerlaubtes, beuge mich meinem Wunsch, Ihnen zu schreiben, und lasse eilige Arbeit liegen. Jetzt nach dem Infarkt sind für mich alle Arbeiten eilig geworden.

Lieber, lieber, lieber Freund! Sie wissen, ich glaube schon lange nicht mehr an die Möglichkeit, daß Tizian lebt. Er war ein zu großer, zu besonderer, Licht um sich verbreitender Mensch, als daß es möglich gewesen wäre, ihn vollkommen zu verstecken, daß nicht Zeichen seiner Existenz durch jede Art von Absperrung hätten hindurchsickern müssen. Aber Ihr neu erstandener Glaube, daß wir ihn vielleicht wiedersehen, hat mich für einen Augenblick angesteckt.

Wenn er lebt, wird er bestimmt in Ihr und mein Leben zurückkehren. Es wäre ein unausdenkbares Glück: dies und nur dies und nichts anderes würde für mich das Leben vollständig verwandeln. Es wäre gerade jene Auszeichnung des Schicksals, jene Entschädigung, die mir niemals, niemals zuteil werden wird. Nach diesem ungeheuren Aufwand von Seelen- und Nervenkraft bei der Arbeit an Faust, Shakespeare oder dem Roman wünsche ich mir sehnlich etwas Gleichstarkes, aber weder Geld noch Vergnügungen, keinerlei Anerkennung und nichts auf der Welt kann mir diese verausgabte Kraft ersetzen. Kommen Sie, wir erwarten Sie schon lange. Ich kann Ihnen nicht auf menschenwürdige Weise schreiben oder telegrafieren wegen der Eile. Sie finden mich wahrscheinlich in den Briefen nicht wieder, sie scheinen Ihnen kalt und zerstreut. Kommen Sie trotzdem, und sei es nur aus Neugier, um zu sehen, wie ich mich zum Schlechteren verändert habe. Ich schreibe absichtlich nichts über mich und die Meinen: Sie werden alles hier erfahren. Küssen Sie Nita und Alexej Nikolajewitsch und einen Kuß unserem aufs Land geschickten Giwik. Mir tut es immer weh, wenn Sie mit Herzblut Ihre goldenen Briefe schreiben, so wie die letzten an Sina und mich über Stassik, denn auf solche Briefe gibt es keine gleichwertigen Antworten. Kommen Sie Ninotschka, ich erinnere Sie daran, wie ich Sie liebe, und daß ich noch ein Mensch bin, mit dem man sich unterhalten kann – Sie haben das vergessen. Von ganzem, ganzem Herzen küsse ich Sie.

Ihr B.

Grüßen Sie Familie Leonidse, die Damen und den Hausherrn. Welch ein Schmerz, welch eine Erschütterung ist der Tod von Natalija Georgijewna Watschnadse! Was für ein Talent, das Le-

ben selbst fand in ihr seinen besten Ausdruck, was für eine
Schönheit! Wenn ich Zeit hätte, möchte ich gern an beide
Tschikowani schreiben – ihr und ihm. Nun, es gibt noch viel,
dem ich im Leben begegnen möchte, wenn ich es noch erlebe.
Ich glaube an die Zukunft Simons.

Ihr B.

An Georgij Leonidse   5.9.1953, Sonnabend

Lieber Georgij Nikolajewitsch!
Wenn ich Sie heute nicht sehen kann, wie mir die aus der Stadt
gekommene Sina versprach (Sie würden in Peredelkino bei den
Leonows sein und von ihnen zu uns kommen), so bin ich ganz
allein daran schuld. Ich weiß, Sie haben oft bei uns in der Stadt
angerufen, ich zweifle nicht an Ihrem Wunsch, uns zu sehen
und möchte selber Sie sehr gern sehen. Ich müßte in dieser Hinsicht mehr Initiative entwickeln und selber unser Treffen ar-
rangieren. Schuld daran ist meine in der letzten Zeit herabge-
minderte Aktivität und eine gewisse Entfremdung von allem,
was in der Literatur und in den literarischen Kreisen geschieht.
Aber das sind lauter Bagatellen. Gebe Gott, Sie kommen ein
andermal, ich werde in der Stadt sein, wir werden uns treffen,
und alles kommt von selbst ins rechte Gleis.
Das alles schreibe ich in der Sorge, Sie könnten Mißvergnügen
oder Bedauern darüber empfinden, daß wir uns nicht treffen.
Ich wiederhole – es liegt nicht an Ihnen, ich hätte unterneh-
mender und beharrlicher sein müssen.
Jetzt im Herbst bin ich hier auf der Datscha allein, nur samstags
und sonntags kommt Sina mit Ljonja heraus. Wie an einen
Traum, über dessen Unerfüllbarkeit man sich klar ist, denke
ich daran, wie gut es gewesen wäre, wenn Nina diesen Monat
mit mir hätte hierbleiben können. Ganz abgesehen davon, daß
sie ja auch ihren Dienst wieder aufnehmen mußte, wäre sie hier
natürlich vergangen vor Langeweile bei meinem eisernen und

genau eingeteilten Arbeitsregime: den ganzen Tag Schweigen, nur beim Mittagessen und abends »den Mund aufmachen«. Aber ich, versteht sich, wäre selig gewesen. Sie ist mein aller-allergrößter Freund, wie Sie wissen. In ihrer Gegenwart könnte ich wundervoll leben und arbeiten.

Aber auch jetzt, in den nicht seltenen Tagen, in denen der Herbst mir Dunkelheit, Kälte und Einsamkeit ins Gesicht bläst, bin ich überzeugt, daß unsere einzige Rettung vor den Schwermutsanwandlungen die Arbeit ist. Und ich werde den Ofen anheizen.

Wenn Sie wüßten, wie mir Ihr Haus, Ihr Leben gefallen!

All dem küsse ich in Gestalt von Jewfimija Alexandrowna die Hand, und Sie umarme ich.

Ihr B. P.

An Nina Tabidse   18.9.1953

Liebe Nina!

Danke für Ihren teuren Brief. Jetzt ist der Monat der Einsamkeit, den ich so gefürchtet hatte, vorüber, es war ein glücklicher, glücklicher Monat, so wie die vorhergegangenen. In der letzten Zeit gab es viel Regen, ungefähr drei Wochen lang. Aber heute klart es auf, es sieht so aus, als stünden ein paar Sonnentage bevor. Ich sitze stramm an der Prosa, am Roman, und mir scheint, in diesem letzten Teil ist viel mehr Ernstes, Beständiges als im ersten, im Anfang.

Liebe Nina, denken Sie nicht schlecht von mir. Ich führe ein sehr sauberes Leben. Es gibt keine untätige Minute, keine Minute, die nicht durch Arbeit in etwas Reales, Greifbares umgewandelt würde. Wie ich mich täglich wasche, so kann ich auch keinerlei seelischen Schmutz ertragen.

Ich bitte Sie, zwei befreundeten Häusern etwas auszurichten. Erstens Tschikowani. Sagen Sie ihm bitte, daß ich mich lange mit dem Gedanken trug, Simon mein Gespräch mit Ihnen über Faust aufzuschreiben. Ich hatte schon zwei Seiten geschrieben, aber es wurde so schrecklich schwerfällig und wortreich. Der Brief lag und lag, und jetzt habe ich ihn vernichtet. Ich schrieb Simon auch, wieviel mir Ihr sommerlicher Besuch gegeben hat, und wie ich mich immer stumm, sozusagen von der Seite, an der Schönheit Ihrer klugen, nicht leichten, begabten Existenz erfreute. Mit den endlosen Lektionen über Faust werde ich zudringlich und lächerlich. Bald erscheint das Buch, Simon wird es selbst lesen und besser verstehen, worum es darin geht, wieviel neue Freiheit darin herrscht, und wieviel Wichtiges in ihrer Gestaltung gesagt wird.

Ich weiß nicht, vielleicht hat Georgij Nikolajewitsch (Leonidse) vergessen zu erzählen, daß, als wir mit ihm über Jewfimija Alexandrowna sprachen, den Frauen die Stimmen brachen, und allen Tränen in die Augen traten, so wie es bei der Erwähnung von etwas Großem, Bedeutendem und Erregendem zu sein pflegt. Das war so wundervoll. Es war ein Hymnus an sie, ein Preislied, ein Mnogoletije *.

Genauso weinten vor ein paar Tagen Liwanows und Fedin, als ich ihnen bei uns neue Gedichte vorlas. Nina, das ist Arbeitsrausch, das ist Glück. Manchmal fühle ich mich überhaupt nicht in meiner eigenen Macht stehend, sondern in den schaffenden göttlichen Händen, die aus mir etwas Unbekanntes machen, und ich habe Angst wie Sie. Nein, das ist nicht wahr – keine Angst.

Ich küsse Sie ganz fest.   Ihr B.

An Nina Tabidse   30. 9. 1953

... Von klein auf nährte ich eine scheue Verehrung für die Frauen, und mein Leben lang blieb ich erschüttert und tief berührt von ihrer Schönheit, ihrem Platz im Leben, voller Mitleid mit ihnen und Furcht vor ihnen. Ich bin Realist, der das Irdische bis ins einzelne kennt, nicht weil ich oft auf Don-Juan-Weise mich von einer Frau angezogen fühlte, sondern weil ich von

Kindheit an unter ihren Füßen die Steinchen von ihrem Weg aufgelesen habe.

Einige, die mit mir zu tun hatten, sind großherzige Märtyrerinnen, so unerträglich und uninteressant bin ich »als Mann«, so oft war ich unverbesserlich und unerklärlich schwach, bis heute kenne ich mich selbst so wenig, weiß nichts von dieser Seite. Vielleicht rührt es die Frauen, daß von weit-weit her alles von Kind an ihnen Gewidmete mich zu ihnen zog, daß mich ihre schwankende, überanstrengte Existenz schmerzt, die noch dazu im hohen Kampf, den sie für die Frauen führt, geschlagen wird. Und vielleicht rührt sie auch jene, der Frau aus den Erinnerungen an die eigene Kindheit immer nahe, seltsame, so viel im Leben umgreifende und bis heute gebliebene Reinheit…

Nun das zweite, die Kunst. Tolstoj in ›Auferstehung‹ und in ›Anna Karenina‹. Er schildert Nechludow und im anderen Falle Wronskij, der mit Anna nach Italien reist; man führt alle notwendigen Malutensilien mit, kauft Leinwand, Bleistifte, Pinsel, Farben, um sich mit Malerei zu beschäftigen; aber es wird nichts draus, einmal fehlt die richtige Stimmung, ein andermal paßt das Wetter nicht. Und daneben wird ein Mensch gezeigt, der von Leidenschaft für die Malerei besessen, von der Kunst in die Schwindsucht getrieben wird, arm und einfach…

Die herrschaftliche, dilettantische, müßige Anteilnahme an der unversehrten Welt der Selbstaufopferung und Arbeit (die ich so genau kenne und der ich diene) befremdet mich und stößt mich ab. Ich habe im Leben manches gesehen im Zusammenhang mit großen Menschen. Man muß daran erinnern, daß ein so laienhaft verstandenes Künstlertum ein Künstlertum für Backfische und fürs Kino ist – kein Repertoire für mich. Ich sage nicht, daß man jeden hängen muß, der nicht genial ist, aber Ton und Gespräch müssen dann völlig anders sein…

Ach, ich möchte so gern, daß der ›Faust‹ bald erscheint, und daß ich Ihnen ein Exemplar schicken kann! Schließlich werden Sie die einzige in Tbilissi sein, der ich eines schenke, so wenig Belegstücke bekomme ich. Und wie herrlich wird er sich in Ihren lieben Händen lesen. Teilen Sie das Buch in zwei Hälften, nehmen Sie die eine für sich, die andere geben Sie Jewfimija Alexandrowna, im ersten Teil die irdische Liebe, im zweiten die himmlische. Das ist die unvergleichliche Jewfimija Alexandrowna, nicht wahr? Als ich den zweiten Teil übersetzte, trug Helena unwillkürlich ihre Züge, ich gab ihr im Text Worte, die J. A. gesagt haben könnte. Ich möchte ihr als Widmung hineinschreiben: »Verzeihen Sie, daß Goethe erst im zweiten Teil über Sie schreibt«. Was meinen Sie, kann man so etwas als Widmung sagen?

Ninotschka, Chitarowa wollte mir drei Rohübersetzungen von Tschikowani für den Staatsverlag geben. Ich halte Simon für einen der interessantesten Lyriker der Gegenwart und habe bei verschiedenen Anlässen bewiesen, wie ich ihn liebe und schätze. Aber ich werde von der Prosa verschlungen, und selbst das wenige Lyrische, das mir ständig im Kopf herumgeht, entwickele ich nicht thematisch wie im Sommer, manches verwerfe ich ganz, manches nicht Niedergeschriebene, noch im Keim Steckende, fällt mir wieder ein, bildlich nicht verdichtet, ungeformt; so ausschließlich arbeite ich an der Prosa, erlaube mir nicht, abzuschweifen und mich Gedichten zu widmen…

Ich schreibe für Sie jenes Beiläufige an Versen auf, von dem ich schon flüchtig sprach. Diese Verse gehören zur zweiten Kategorie, denn sie sind nur zart und musikalisch, aber Gedichte müssen außer Musik Bildhaftigkeit und Sinn enthalten. Es sind kurze Stücke, und ich habe sie ihrer Reihenfolge nach unter dem Titel ›Wiegenlieder‹ zusammengefaßt. Die Verse, die Sie schon haben, ebenso wie diese neuen, können Sie jedem, der es möchte, zu lesen geben…

…Nina, es ist ein warmer Herbsttag, 12 Uhr mittags, Sonne im ganzen sechsflügeligen breiten Fenster, und ich sitze mit Ihnen in Peredelkino zusammen, statt zu arbeiten, stehle ich Ihre Zeit mit diesem endlosen Brief, meine Nina, meine Freude, meine Schwester, ich küsse Sie ohne Ende.

Ihr B.

Liebe Nina!
Haben Sie Dank für Ihren Brief zu Sinas Namenstag, wie immer
so voller Seele. Ich fand darin vieles, was ich gerade sehr nötig
hatte, denn ich quälte mich mit verschiedenen Arten der
Selbstgeißelung ab, war unzufrieden mit dem, was mit mir gemacht wird, und mit dem, was ich selber mache. Danke, danke.
Das Wehen Ihrer Stimme vertrieb die Wolken von meinem un-
ruhigen Gewissen. Mir wurde wieder wohl und leicht wie im
Sommer.
Auch in anderer Beziehung haben Sie recht, indem Sie nämlich
meinen Ausbruch gegen Garrigue verurteilen und mir raten,
mich mit ihm zu versöhnen. Und das werde ich auch. Im ›Hamlet‹ ganz am Schluß, vor dem Zweikampf bittet die Königin
Hamlet, sich mit Laertes zu versöhnen, und Hamlet sagt dem
Boten, der der Königin Bitte überbringt: »Ihr Rat ist gut.« Diese
Worte erklangen in meinem Herzen, als ich Ihre Zeilen über
meine Krittelei an Garrigue las: »Ninas Rat ist gut.«…
Nina, ich möchte Ihnen noch vieles schreiben und in diesem
Brief erzählen, aber ich tue es lieber mündlich, wenn ich Sie
wiedersehe. Kommen Sie im Winter, zum Neujahrsfest? Ich
wünsche es mir so! Bei uns geht alles gut, aber im Sommer war
ich fleißiger, weil ich völlig abgetrennt von städtischer Telefon-
ausschweifung lebte, die sogar mich infiziert hat. Hin und wieder gehst du auf irgendein Klingelzeichen an den Apparat, damit irgendjemand mit Lobhudeleien deine Eitelkeit kitzelt. So
ein Unflat. Allerdings so weit erniedrige ich mich nur sehr selten, und nur wenn ich unausgeschlafen bin, wenn mir die Zeit
nicht leid tut, und wenn ich glaube, daß ich zu ordentlicher
Arbeit nicht komme. Ich küsse Sie herzlich. Danke für das
wundervolle Paket. Sina und Ljonja hegen dieselben Gefühle
für Sie wie ich.

Ihr B.

Ninotschka, meine goldene!
Wie stark, wie einmalig stark lieben wir einander, nicht wahr?
Fühlen Sie es? Man kann die Hand auf den Brief legen und mit
der Handfläche spüren, wie die Worte glühen. Wie gut! Das sage
ich natürlich von Ihrem Brief, den Ihr liebes junges Mädchen
brachte.
Was haben Sie wieder angestellt, verrückte Ninotschka! Ihre
Gabenberge überladen die Wohnung, und ihre Schönheit rivali-
siert mit Vaters Bildern im Eßzimmer.
Danke für alles, was Sie über die Gedichte schreiben. Im Vergleich zum Roman, dem sie als Garnierung dienen, sind sie Unfug und Nichtigkeiten. Ich werde Ihnen bald ein paar neue
schicken, schade nur – ich schrieb es schon –, daß es eigentlich
zu früh ist, sie sind noch nicht abgelagert, werden noch erhebliche Veränderungen zu erdulden haben und dann besser werden… Der Roman, die Prosa, ist größtenteils im Unreinen niedergeschrieben… So ganz und gar in einem Zug, ohne mich bei
Details aufzuhalten – die schiebe ich bis zur endgültigen Bearbeitung zurück –, habe ich nur einmal im Leben geschrieben:
›Ljuvers Kindheit‹; danach hat sich ein solcher Fall von Freiheit, Unmittelbarkeit und Freude nicht mehr wiederholt. Ich
küsse Sie herzlich, mein bester und teuerster Freund.

Ihr B.

Liebe Nina!
Ju. W. (Krotkow) hat mir alles erzählt. Welch märchenhafte
Möglichkeiten, welches Glück! Stellen Sie sich vor, ich glaube,
daß es keineswegs unwahrscheinlich ist! Davon und deshalb
schreibe ich Ihnen. Nehmen Sie all Ihre Herzenskraft zusammen, ihren ganzen Willen, der so vielen Prüfungen standgehal-
ten hat, und hören Sie einstweilen auf, daran zu denken. Finden

Sie eine Stütze im gewöhnlichen, anstrengenden Ablauf Ihres Arbeitstages, in Ihrer heldenhaften Disziplin, arbeiten Sie, wenn möglich, noch mehr, betäuben Sie sich durch Müdigkeit, aber eilen Sie nicht in Ihrer wunderbaren, glühenden Phantasie voraus, bekämpfen Sie den Andrang von Traum und Erwartung. Ich gebe Ihnen diese undurchführbaren Ratschläge nicht, weil ich für Sie und Ihre Gesundheit fürchte. Nichts wird Ihnen geschehen, Sie werden nicht – wie Sie schreiben – den Verstand verlieren, und die Aufregung wird Ihnen nichts anhaben können. Aber ich weiß, wie durch einen derartigen Seelensturm ein Mensch mit Ihrem Feuer, Ihrer Geistesart gequält werden kann, und ich möchte Sie vor dieser Qual behüten. Bemühen Sie sich (Sie haben im Leben schon so viele übermenschliche Anstrengungen vollbracht), bemühen Sie sich, vorübergehend ein stumpfes, gefühlloses Wesen zu werden, um sich desto mehr für diese unvorstellbar große Stunde und diesen Tag zu bewahren...

Mehr werde ich darüber nicht schreiben, das Wichtigste ist gesagt. Beginnen Sie das neue Jahr ruhig, stark und gesund. Das, was wir im Verlauf so vieler Jahre mit schwindendem Glauben einander immer am Neujahrstag gewünscht haben, ist seiner Verwirklichung so nahe! Wunderbar! Ich küsse Sie. Passen Sie gut auf sich auf.

Ihr B.

An Nina Tabidse 30.4.

Liebe Ninotschka!
Ich antworte Ihnen in Eile, so sehr bin ich mit Arbeit beladen... Verzeihen Sie, daß ich Ihnen so lange nicht schrieb und glaubte, auch Sie hätten aus Zeitmangel geschwiegen. Wie sich jetzt herausstellt, haben Sie in der Zwischenzeit einen Brief per occasion geschickt. Nein, wir haben ihn nicht erhalten. Bezüglich Ljonjas Halsweite, Schulterbreite und Ärmellänge bin ich bevollmächtigt zu erklären, daß es all das bei Ljonja überhaupt

nicht gibt, sondern nur Augen, Nase und Haare. Was soll das, Nina? Wann hören Sie endlich mit solchen Verrücktheiten auf?

…Weil Sie es lieben, angenehme Aufträge auszuführen, habe ich eine Bitte an Sie. Ich habe die letzte Nummer von ›Snamja‹ nicht. Ich erfuhr erst vorgestern, wie ich gedruckt aussehe und las Tschikowanis Poem ›Straße der Freundschaft‹, das die Nummer eröffnet.* Sehr lebendig, natürlich und zeitgemäß ist die Reise beschrieben, ein echter Eindruck entsteht wie bei der Prosa eines guten Romanciers, sehr begabt ist Meshirows Übertragung. Sehr gut, beide sind Prachtmenschen…

Als Simon hier war, hatte ich noch nichts Vernünftiges zu sehen bekommen, nicht von ihm und nicht von mir und schwieg daher. Vielleicht denkt er, mir hätte es nicht gefallen, und ich lehnte diese Verse ab. ›Snamja‹ hatte für mich Belegexemplare bereitgelegt, aber da kamen unbekannte Studenten, sagten, ich hätte sie geschickt und nahmen die für mich bestimmten Exemplare mit…

Ich küsse Sie   Ihr B.

An Nina Tabidse   7. 5. 1954

Liebe Nina!
Ich erhielt Ihren nächtlichen Brief über die Vorbereitung der Editionen von Paolo und Tizian. Lieber Freund, nehmen Sie sich fest in die Hand. Es ist mir so wichtig, daß Sie leben und gesund bleiben.
In gewissem Sinne sind Sie mir der allernächste Mensch. Sie sind der Ausdruck einer bestimmten Seite meiner Seele, meines Gewissens und meiner Phantasie in kluger, schöner und geliebter Verkörperung. Wie kommen Sie darauf, daß ich böse auf Sie wäre? Allerdings bin ich so daran gewöhnt, Ihnen in allem zu glauben, daß Sie wahrscheinlich recht haben, obwohl ich selber nicht das geringste davon weiß.

148

Nina, reißen Sie die unendlich schmerzhafte Wunde nicht auf. Was ist zu tun? Ich selbst hatte diesen glücklichen Glauben so sehr in mir unterdrückt, daß ich ihn verlor. Und jetzt schwanke ich wie früher, bald durchdringt mich Hoffnung, bald sinkt mir der Mut. Mich täuscht man wieder und wieder, verspricht mir ständig irgendwas und führt mich an der Nase herum. Ich schenke dem keine Beachtung. Ach, Ninotschka, so gern möchte ich Sie beruhigen. Ich liebe Sie von Herzen und küsse Sie von Herzen.

Ihr B.

An Nina Tabidse   15.10.1954

Liebe Nina!
Nita hat Ihnen sicher längst von den zwei oder drei Stunden, die sie mit uns auf der Datscha verbrachte, erzählt. Welches Glück und welches Wunder, daß Dr. Schatilowa sie geheilt hat! Ich konnte nur wenige Minuten mit ihr allein sprechen, dann wurden wir zum Mittagessen hinuntergerufen, und es rollte der übliche Tageslauf von Peredelkino ab, noch dazu – weil Sonntag war – mit Gästen. Seit Nita vor zwei Jahren zum letzten Mal hier war, habe ich gewaltige Veränderungen durchlebt, die sich auf der Erde und in unserem Leben vollzogen haben. Und als trauriger Schatten, wie anhaltendes schlechtes Wetter, legt sich auf ihren Verlauf das törichte Bemühen, so zu tun, als habe sich nichts Besonderes verändert.
Wie bisher bin ich sehr beschäftigt. Im Augenblick muß ich die Arbeit an der Prosa unterbrechen, um den ›Faust‹ für die Neuauflage durchzusehen. Alle sind gesund. Alle küssen Sie.

Ihr B.

Meine liebe Nina!

Vielen, vielen Dank für alles. Eben brachte mir Wiwa Ihren Brief, ich las ihn und will Ihnen schnell ein paar Dankworte sagen; denn ich werde ihn sicher vernichten wegen einiger Zeilen ganz am Schluß. Danke für die unendliche Seelenwärme, die Sie Sina und Ljonja zuteilwerden lassen und besonders für alles, was Sie über Ljonitschka schreiben. Wenn man Ihre unvermeidlichen Übertreibungen abzieht, stimmt all das mit dem überein, was auch ich von ihm denke.

Sina schreibt auf einer Postkarte über die »Wunder an Gastfreundschaft« (ihre eigenen Worte), die Georgij Nikolajewitsch wieder vollbrachte. Wiwa ergänzte noch viele Einzelheiten. Mit den Augen der Seele sehe ich alle, sehe von neuem uns alle zusammen mit den Unsrigen, ich sehe Jewfimija und Leonidse wie mich selbst, uns im Austausch miteinander, in brennender, herzlicher Nähe, wie uns gegenseitig zum Schutz. Was kann ich sagen? Gehen Sie zu ihnen und küssen Sie beide kräftig.

Aber die Hauptsache ist dies: 25 Jahre lebt diese ganze, nicht in Teile zerlegbare Geschichte und lebt weiter, alles umgreifend, alles aus *einem* Guß, zeitweise schrecklich und bitter, zeitweise hell bis zur Göttlichkeit, und diese Geschichte ist mein Leben und mein geheimer, dumpfer Kampf, und meine arme Sinotschka und Ljonja sind die Opfer meines Schicksals, meiner gesamten Beschaffenheit, und die nächsten Figuren dieser Geschichte sind Sie und die Ihnen Nächsten, sind Jewfimija Alexandrowna und Georgij Nikolajewitsch. Und alles ergab sich gemeinsam, dicht nebeneinander unter Ihrem wunderbaren Himmel, vereinigt durch die Ganzheit Ihrer Wärme, Ihrer Schönheiten, durch die Ganzheit der plötzlich alles ergreifenden und vereinenden Aufwallung der Seele. Welch seltene und kostbare Wahrheit! Wie wunderbar, daß dem noch einmal eine Wiederholung beschieden ist.

Ninotschka, ich wollte Ihnen nur danken, und es bekümmert mich, daß ich drauflosschwatzte, über all das darf man so nicht

schreiben – es ist unklar, verworren, schwach. Aber dennoch, im Gemeinsamen ist Glück, darin besteht unser echtes Glück – ernst, tief, abgründig und traurig gerade durch seine Grenzenlosigkeit und Größe, erschöpft und mit Tränen durchtränkt: Glück.
Ich küsse Sie herzlich. Ihr B.

Ich schrieb Ihnen vom Geld. Ich weiß, das interessiert Sie nicht. Es kommt auch nicht gleich, alles verzögert sich.

An Nina Tabidse 4.10.1955

Liebe Ninotschka! Danke, daß Sie in solchen Minuten an mich geschrieben haben.* Sie täuschen sich nicht in mir, ich habe es verdient: solange ich lebe, werde ich Sie mit aller sittlichen Kraft unterstützen. Dafür lebte ich diese ganze Zeit, darin liegt meine Bestimmung.
Instinktiv habe ich die schreckliche Wahrheit immer gewußt. Dieses Gefühl bestimmte meine Ansichten, meine Beziehung zur Zeit und ihren Hauptvertretern, mein Schicksal. Armer, armer Tizian, dem es bestimmt war, diesen Märtyrerweg zu gehen, das Herz hat es mir immer gesagt, ich sah es voraus.
Aber sammeln Sie Kräfte, liebe Nina, ich will, daß Sie leben, für mich ist es notwendig, daß Sie leben, ich brauche Sie, um Klarheit zu bewahren, damit wir unsere gemeinsame Antwort zu Ende bringen können, um alles auszuhalten. Ich küsse Sie von Herzen, meine Liebe, meine Arme, meine Nahe.

Ihr Borja

…Unsere Reisenden sind gut angekommen. Alles im Haus ist wohlauf. Unendlichen Dank Ihnen und Familie Leonidse. Auf Ljonjas Fotos figuriert Jewfimija Alexandrowna oft. Was für eine Schönheit ist sie doch! Die Hauptperson in allen Gruppen, größer, bedeutender, ausdrucksvoller als alle anderen.

Ja, ich habe einen Auftrag für Sie! Ich erhielt telegrafisch eine Einladung von Abaschidse und Tschilaja zu den Jubiläumsfeierlichkeiten für Guramischwili *. Ich weiß nicht, an welche Adresse ich meinen Dank richten soll und meine Entschuldigung dafür, daß ich nicht komme und nicht fahren kann. Können Sie es in meinem Namen tun?

...Verzeihen Sie, daß ich wenig schreibe. Grüßen Sie Familie Tschikowani. In seinem Poem über Guramischwili sind sehr lebendige, starke Stellen.

An Nina Tabidse 10. 12. 1955

Liebe Nina, mein geliebter Freund!

Ach, wie häufig fehlen Sie mir, wie nötig wäre es für mich, Sie in den wichtigsten Minuten meines Lebens neben mir zu haben. Da Sie aber nicht bei mir sind, führe ich in solchen Fällen in Gedanken lange, leise Gespräche mit Gott und mit mir selbst. Und doch hätte ich so gern mit Ihnen, der Lebendigen gesprochen.

Ich habe Ihnen gegenüber viele Schweinereien begangen, seit Dezember führe ich Sie mit dem Geld in die Irre, schon vorher hatte ich es Ihnen versprochen, und bis heute bekamen Sie noch keine Kopeke. Tizians Gedichte * habe ich bis jetzt noch nicht angerührt, und auf Ihre letzten Briefe habe ich auch noch nicht geantwortet. Ich bitte Sie nicht um Verzeihung, ich weiß, Sie entschuldigen sowieso alles.

Ich kann Ihnen gar nicht sagen, wieviel Mühe ich auf die etappenweise, allmähliche Bearbeitung des zweiten Buches vom Roman verwandte. Als ich Ihnen im Sommer sagte, der Roman sei fertig, und Ihnen den Schluß schilderte, handelte es sich genaugenommen nur grob um die Wiedergabe des Inhalts, noch nicht um die endgültige künstlerische Ausformung. Im Grunde meiner Seele fürchtete ich, nicht die Kraft zu haben, mich einer nochmaligen Bearbeitung zu unterwerfen, dieser Unmenge von Seiten (450 in der Schreibmaschinenabschrift), die schon soviel Zeit, Mühsal und Seele gekostet hatten.

Und siehe da: es kam doch zustande, unmerklich im Laufe der letzten zwei bis drei Monate und zwar vor allem dank einer Bekannten, Marija Kasimirowna Baranowitsch, die, ungeachtet meines Verbots, das handschriftliche Manuskript auf der Maschine abschrieb und mir dadurch die Schererei mit dem Manuskript zur Hälfte erleichterte. Aber ich wiederhole es, ich erhoffte so wenig von einer neuerlichen Überarbeitung, daß mich im Sommer die Frage plagte, ob man mir die Hinwendung zum Namen, zur Vergangenheit und vor allem zum Ernst und zur Tiefe des Inhalts, die Schwerfälligkeit, Unordentlichkeit und Weitläufigkeit der Darstellung verzeihen wird. Und nun ist es getan. Es fällt mir schwer, daran zu glauben. Ich weiß selber nicht, wie es geschah. Bis Mitte Januar werde ich noch mit den letzten Kleinigkeiten zu tun haben.

Sie können sich gar nicht vorstellen, was damit erreicht worden ist! Gefunden und benannt wurde all jene Hexerei, die quälte, Zweifel und Streit hervorrief, so viele Jahrzehnte erschütterte und unglücklich machte; alles ist entwirrt, alles ist benannt, einfach, durchsichtig, traurig. Ganz frisch wird noch einmal das Wichtigste und Teuerste neu bestimmt – Erde und Himmel, das große, heiße Gefühl, der Geist des Schöpfertums, Leben und Tod.

Ich könnte glücklich sein, in meinem eigenen engen Kreis geht alles gut, und tatsächlich, selbst noch im Kummer bin ich voll Jubel, solange ich in verhältnismäßiger Einsamkeit bleibe. Aber neuerdings gibt es ringsum soviel Anlässe und Wünsche, die die Einsamkeit stören, mich in gemeinschaftlichen Betätigungen ablenken.* Damit beginnt das Unglück. Ich habe mit diesen Menschen nur so wenig gemeinsam, die mich lesen oder mögen und mich zu einem der Ihren zählen als Zeitgenossen, als Berufgenossen oder als sonst was!

Ich will etwas vollkommen anderes als sie und unendlich viel mehr; sie wollen so wenig, können nicht stark und viel wollen. Und jedes Mal, wenn ich mit ihnen zusammentreffe, empfinde ich mich als undankbar, als Abweichler und Verräter, als schlechter Bruder, schlechter Freund, schlechter Genosse. O, wenn ich doch meine Einsamkeit wahren könnte, um an all das nicht gemahnt zu werden!

Fürchten Sie nicht, Nina, daß ich mich mit den Gedichten verspäte. Die Drucklegung verzögert sich sowieso immer, und dann hole ich alles ein. Dafür lege ich mein ganzes Herz, meine ganze Seele in diese kleine Gabe zu Tizians Gedenken. Sie werden es sehen.

Ich könnte Ihnen endlos schreiben, so vieles möchte ich Ihnen erzählen, so vieles mit Ihnen beraten. Neulich war ich nach halbjähriger Abwesenheit einmal wieder im Staatsverlag und stellte fest, wenn ich mich dort wie alle anderen ständig herumtriebe, wäre ich schon Millionär, so vielerlei wird dort gemacht, zu dem ich in Beziehung stehe, sei es Shakespeare, sei es Goethe oder anderes. Aber dann wären mein Leben und ich gänzlich andere... *(Schluß des Briefes defekt.)*

An Nina und Lado Gudiaschwili   1.10.1956

Liebe Nina Ossipowna und lieber Lado Gudiaschwili!
Ich danke Ihnen für den Brief und die Flasche Ihres Zauberweins. Überbringer war Ihr lieber und kultivierter Freund Alexander Wassiljewitsch Maschulija. Im Gespräch über Sie, Ihr Haus und Nina Ossipownas geschmackvolle und großzügige Einrichtung erzählte Ihr Freund, daß sie fortfährt, das Haus immer noch mehr zu verschönern.

Ich betone dies so, weil Sie so strahlend hell in meiner Erinnerung stehen, Sie, Ihre wunderbare Frau und Ihre Tochter, Ihr Atelier und Ihr langgestrecktes, schmales Eßzimmer, genauso der Stadtteil, zu dem Ihr Haus gehört, und der sich, je mehr man sich Ihnen und Nina Ossipowna nähert, immer mehr in ein Stück lebendiger Natur, in Park und Garten verwandelt.

Voller Freude erfuhr ich von Ihrer geplanten Ausstellung. Wahrscheinlich werden Sie deshalb nach Moskau kommen, und ich werde Sie bei mir zu Hause begrüßen können.

Wenn es Sie tatsächlich interessiert, was ich mache und womit ich beschäftigt bin, und wenn Sie sogar Zeit haben, längere Sachen zu lesen, bitten Sie Nina Alexandrowna Tabidse um ein Manuskript und lesen Sie es.

Bitten Sie Nina Alexandrowna auch, sie möge mir verzeihen, daß ich ihr, dieser fabelhaften Frau, meinem besten Freund, nicht schreibe. Aber wahrscheinlich ist sie ohnehin nicht böse auf mich, sie weiß, wieviel ich zu tun habe.

Die gleichen Entschuldigungen und Versicherungen meiner Liebe und Ergebenheit überbringen Sie, wenn möglich, auch den Familien Tschikowani und Leonidse.

Nochmals danke ich Ihnen.   Ihr B. Pasternak

An Nina Tabidse   15.8.1957

Liebe Nina!

Der Schmerz im Bein ist noch nicht ganz verschwunden. Doch davon abgesehen bin ich vollständig wiederhergestellt, lebe wie immer und habe die Arbeit wieder aufgenommen. Wenn sich nach dem Abschreiben genügend Material angesammelt hat, schicke ich Ihnen das, was Sie noch nicht kennen. Es sind Gedichte, nicht weil es nötig wäre, lebenslang Gedichte zu schreiben (diese derzeitige Auffassung von literarischer Spezialisierung teile ich nicht), sondern weil ich einige schreibe, um den Wintervorrat zu vervollständigen und ein neues Buch zusammenzustellen... Wir sind seit langem in Sorge um Sie und Ihre Gesundheit. Sina hatte sich schon ernstlich darauf vorbereitet, nach Tiflis zu fahren und Sie zu pflegen. Ich weiß allerdings nicht, wie sie jetzt entscheidet, die Situation hier hat sich für sie kompliziert. Das, was Sie schreiben, ist scheußlich. Ich habe kürzlich etwas Ähnliches durchgemacht und kann mir vorstellen, wie Sie leiden. Ich küsse Sie fest...

An Nina Tabidse 21.8.1957

Liebe Nina, mich bekümmern und beunruhigen die Nachrichten von Ihrer Unpäßlichkeit und den körperlichen Beschwerden. Ich verstehe es nur allzugut, habe ich doch das selbe erst kürzlich überstanden.

In diesem Brief schicke ich Ihnen ein paar Gedichte aus dem Spätwinter (vor der Krankheit) und vier neue, die nach der Rückkehr aus dem Sanatorium Uskij auf die Datscha entstanden. Dieses Mal waren am Vorabend der Erkrankung meine letzten Eindrücke: die Proben für ›Maria Stuart‹, zwei Namenstagsfeste in der Stadt und der allgemeine Eindruck der abendlichen, winterlichen Stadt, in die ich aus den verschneiten Feldern fuhr. Ich wollte, wie immer, dies alles gleich in einem einzigen Gedicht zusammenraffen. Mir schwebte jene Form vor, welche die Alten Bacchanalien nannten, als Ausdruck für Ausschweifungen an der Grenze des Kultischen. Mischung aus Leichtigkeit und Mysterium. Und da wurde ich krank.

Ich wußte, daß, wenn ich nach der Genesung an die durch Krankenhaus und Sanatorium unterbrochene Arbeit zurückkehrte, d. h. zur Zusammenstellung und Niederschrift der Gedichte für das neue Buch, dieses verknotete Bündel winterlicher Eindrücke mir nicht entschlüpfen, sich nicht auf und davon machen würde, bis ich diesem Vorhaben meinen Tribut bezahlt hätte. Und so entstand dieses Wintergedicht im Sommer.*

Hier gab es ein paar sehr seltsame Tage. Irgendetwas mich Betreffendes ging in den mir unzugänglichen Sphären vor. Offenbar hatte man Chruschtschow eine Auswahl der allerunzulässigsten Passagen des Romans vorgelegt. Außerdem (ganz abgesehen davon, daß ich das Manuskript dem Ausland überließ)

sind da noch einige Umstände, die ebenfalls großen Ärger erreg-
ten. Togliatti legte Feltrinelli nahe, das Manuskript zurückzu-
senden und von der Veröffentlichung Abstand zu nehmen. Feltrinelli antwortete, eher trete er aus der Partei aus, als mit mir
zu brechen; er tat es auch wirklich. Einige mir nicht bekannte
Komplikationen steigerten das Getöse noch. Wie immer nahm
Olga Wsewolodowna die ersten Prügel auf sich. Sie wurde ins
Zentralkomitee vorgeladen und später zu Surkow bestellt.*
Danach wurde in meiner Angelegenheit eine erweiterte Sekre-
tariatssitzung im Präsidium des Schriftstellerverbandes einbe-
rufen, bei der ich anwesend sein sollte, ich ging nicht hin. Es
war eine Sitzung vom Typ 1937 mit wütendem Geheul über
diese »beispiellose Unverschämtheit« und Rachegeschrei.
Olga Wsewolodowna und Starostin*, die der Sitzung beige-
wohnt hatten, kamen entsetzt über die Reden und über die Atmosphäre zurück (ihnen wollte man das Wort nicht erteilen).
Surkow (mit Gefühl und sehr gut, wie man mir sagte) las ganze
Kapitel aus meinem Poem »Die hohe Krankheit« * vor.
Am nächsten Tag verschaffte O. W. mir ein Gespräch mit Polikarpow * im Zentralkomitee. Dies ist der Brief, den ich vorher,
am Morgen, ihm durch O. W. zustellen ließ:
»Menschen mit klarer Moral sind niemals mit sich selbst zufrieden, vieles bedauern sie im Nachhinein, vieles bereuen sie.
Das einzige, das ich mein Leben lang nicht bereuen werde, ist
dieser Roman. Ich habe niedergeschrieben, was ich denke, und
bis zum heutigen Tag halte ich an diesen Gedanken fest. Vielleicht ist es ein Fehler, daß ich ihn nicht vor anderen verbarg.
Ich versichere Ihnen, ich hätte ihn verborgen, wenn er schwä-
cher geschrieben wäre. Aber er erwies sich stärker als meine
Fantasie, die Kraft wurde mir von oben gegeben und daher un-
terliegt das weitere Schicksal des Romans nicht meinem Willen. Ich werde mich nicht einmischen. Wenn die Wahrheit, die
ich weiß, mit Leiden bezahlt werden muß, so ist das nichts
Neues, und ich bin bereit, sie auf mich zu nehmen.«
Polikarpow sagte, er bedaure es, einen solchen Brief gelesen zu
haben, und bat O. W., ihn vor seinen Augen zu zerreißen.

Danach sprach ich mit Polikarpow und gestern, einen Tag nach diesem Gespräch, auch mit Surkow. Es war sehr leicht zu reden. Mit mir spricht man sehr ernst und streng, aber höflich und sehr achtungsvoll, ohne mit einem Wort das Wesentliche zu berühren, nämlich mein Recht, so zu denken und zu sehen, wie sich mir die Dinge darstellen. Das machen sie mir nicht streitig, sie bitten mich nur, ich solle ihnen helfen, das Erscheinen des Buches zu verhindern, d. h. mit den Feltrinelli-Verträgen den Staatsverlag zu bevollmächtigen und das Manuskript zur Bearbeitung zurückzuverlangen. Das werde ich tun. Aber erstens überschätzen sie die Schädlichkeit einer Publikation in Europa. Das Gegenteil ist der Fall. Unsere Freunde zählen darauf, daß die Veröffentlichung dieses ersten tendenzfreien russischen patriotischen Werkes, dessen Autor hier lebt, zu größerer Annäherung beiträgt und gegenseitiges Verständnis vertieft... Zweitens: diese plötzlichen Bitten von meiner Seite werden keine Beruhigung, sondern das Gegenteil bewirken und den Verdacht wekken, ich sei dazu gezwungen worden. Aus mir würden sie eine Art Soschtschenko machen, einen Skandal ganz anderen Kalibers usw. usw. Und schließlich drittens: keinerlei Bitten und Forderungen in jener juristischen Form, die man jetzt hier ausdenkt, werden auch nur die geringste Wirkung und gesetzliche Verbindlichkeit haben. Sie werden nur dazu führen, daß im nächsten Jahr, wenn das Buch da und dort erscheint, es jedesmal meinetwegen zu Zornausbrüchen kommen wird, und man kann nicht wissen, womit das noch einmal endet.

Während dieser Tage – und so war es auch schon bei früheren Gelegenheiten – erfuhr ich das glückliche und erhebende Gefühl der Ruhe und inneren Richtigkeit und fing ringsum Blicke voller Angst und Bewunderung auf. Diese Erfahrung stieß mich auch auf Dinge, von denen ich früher keinen Begriff hatte, auf Zeugnisse und Beweise davon, welch glückliches Los mir zuteilgeworden ist, ein großes, bedeutsames Leben leben zu dürfen, das im Wesentlichen selbst mir unbekannt war.

Nichts ist verloren. Unverdient, um vieles mehr als von mir getan wurde, werde ich aus allen Teilen der Welt belohnt.

Es versteht sich, daß Ljonja und Sina nur den kleinsten, am wenigsten schmerzhaften Teil des Vorgegangenen erfahren, das übrige verberge ich vor ihnen, um ihre Ruhe zu schonen. Diese Kalamitäten, die Fahrten mit der Vorortbahn zur Stadt, die Erklärungen undsoweiter haben meine ganze Tageseinteilung durcheinandergebracht. Mittagessen gibt's zur Nachtzeit. Und ich regte mich überhaupt nicht auf, nicht die Spur.

Bebutow habe ich die Übersetzungen jener beiden Dichtungen von Paolo geschickt, die Sie mich zu übersetzen baten, und einiges von Simon. Es sind sehr blasse Arbeiten, aber wenn Sie interessiert sind, bitten Sie Bebutow, daß er sie Ihnen zeigt und mir den Empfang bestätigt. Aber vielleicht fühlen Sie sich so elend, daß Ihnen nicht nach meinen Dingen und Gedichten zumute ist.

Ich küsse Sie herzlich.   Ihr Borja

An Simon Tschikowani   23.8.1957

Lieber Simon, verzeihen Sie, daß ich nicht sofort auf Ihren Brief geantwortet habe.

Nicht zum ersten Mal sind Sie Zeuge meiner seltsamen Krankheiten *, die immer plötzlich auftreten, immer physisch überaus quälend, immer lange dauernd und immer unerklärlich wie durch Zauberei verschwinden. Offenbar bin ich zu sehr daran gewöhnt, mich als Subjekt unerschöpflicher Gesundheit zu empfinden, ein Objekt von Krankheit zu sein, ist für mich unvorstellbar, kommt einer Erschütterung gleich.

Jetzt geht es mir sehr gut, so wie all die letzten Jahre in Peredelkino und, ich fürchte mich, es auszusprechen, vielleicht sogar noch besser. Ihr Glück, daß ich mir vor einem Monat noch nicht erlaubte, Eigenes zu schreiben, denn ich bestreite einem Kranken die Fähigkeit zu schöpferischer Arbeit, so interessant sie auch immer scheinen mag (als Dokument ist sie ungeeignet, jede wirkliche, d. h. große Kunst soll ein Akt historischer und großer Weltbedeutung sein). Daher brachte ich es fertig, noch während der Zeit meiner Seelendiät fünf Ihrer Gedichte zu übersetzen*, insgesamt sieben Rohübersetzungen liegen mir vor. Für den Druck taugen sie nur in der Form, in der ich sie an Bebutow schickte. Anscheinend haben Konstantin Lordkipanidse oder Ananiaschwili* sie schon früher bekommen, noch im Unreinen, noch nicht endgültig fertig. Verständigen Sie sie, daß diese Varianten ungültig sind.

Ich bedaure es fast, daß ich Ihre wunderbaren Gedichte rhythmisierte und unterteilte, denn das schafft die Voraussetzung für weitere Bitten und Anfragen, während ich doch nicht mehr übersetzen darf; Sie selbst, Leonidse und andere sollten darauf bestehen, daß man sich mit dieser Art Anfragen nicht mehr an mich wendet. Solange ich lebe und gesund bleibe, muß ich mich nun mit Eigenem befassen und kann für Fremdes keine Zeit erübrigen, wie teuer und nah es mir auch sein mag, das ist wohl klar. Ich erhielt von Slatkin ein Telegramm, das mich in dieser Hinsicht betrübt. Er bittet, ich soll mich an den neuen Übersetzungen für das geplante Buch von Georgij Nikolajewitsch (Leonidse) beteiligen, und fragt an, wie viele Zeilen ich übernehmen möchte. Ich habe noch nicht geantwortet, denn wenn der Grund meiner Absage nicht eindeutig ist, könnte sich jemand verletzt fühlen.

Bitten Sie Bebutow, mir ein paar Zeilen zu schreiben, ob er meinen Brief und die Materialien bekommen hat. Er soll Ihnen Ihre Gedichte in meiner Übertragung zeigen. Ich habe Nina auch einige eigene Gedichte geschickt, die Hälfte davon schrieb ich gegen Winterende bis zur Krankheit. Sie wissen, daß ich jetzt andere schreibe, die für Sie neu sein werden. Wenn es Sie interessiert, besuchen Sie Nina. Ich möchte, daß sie mir auch den Empfang meines Briefes bestätigt, manchmal gelangen meine Briefe nicht ans Ziel, gehen unterwegs verloren.

Bei mir gibt's Komplikationen mit dem Zentralkomitee und mit dem Schriftstellerverband, in denen ich mit eigenen Augen den Grad meiner Bedeutung und Stärke erkennen konnte. Es waren sehr frohe Tage, wenn auch vollständig klar ist, welch tödliche Drohungen und Unannehmlichkeiten die nächsten Jahre unweigerlich bergen. Aber nur so ist es interessant zu leben, und ich verstehe nicht, wie man sich einbilden kann, Künstler zu sein, wenn man sich im Erlaubten einrichtet und nicht groß, freudig, unsterblich ein Risiko eingeht.

Ich küsse Marijka die Hand und umarme Sie. Teilen Sie mir Ihre Ankunft mit. Ich freue mich schrecklich darauf, Sie zu sehen, und wie immer in alter Weise am besten um zwei Uhr an jedem beliebigen Sonntag zum Mittagessen in Peredelkino.

Alles Neue, das ich schreibe, wird überall sofort übersetzt. Ich sah in Metrik und Rhythmus fabelhafte Übertragungen – englische und französische, nicht zu reden von den tschechischen, italienischen, polnischen und anderen. Die Baronesse Budberg, Gorkijs letzte Frau, übersetzte den ›Schiwago‹ ins Englische. Auch in anderen Sprachen ist er schon fertig. Die Forderungen, die Veröffentlichungen zu stoppen, werden wohl kaum erfüllt werden, obwohl auch ich der Publizierung entgegengetreten bin. Ach Simon, Simon, wofür bekam ich all das und noch dazu soviel! Und das Wichtigste darf man nicht erzählen.

B. Pasternak

An Nina Tabidse 30.8.1957

Liebe Nina, ich vergaß ganz, Ihnen über Tizians Büchlein zu schreiben. Es ist Ihr großer Erfolg. Sie können stolz auf das von Ihnen Geleistete und Erreichte sein. Mir gehorcht die Sprache nicht, Ihnen zu sagen, wie sehr ich Sie beglückwünsche zu diesen Früchten Ihrer Sorgen, Mühen und Anstrengungen.

Es ist sowieso schwer, über Kunst zu sprechen, erst recht über die Poesie in diesem ganz besonderen Fall, als ob es überhaupt nötig wäre, sich in diesen Einzelheiten zum Richtplatz zu begeben.

So nahe die Linie des Leidens und des vergossenen Blutes, so nahe grollt das Gewitter, preßt das Herz zusammen, mahnt an jene entsetzlichen Jahre.

Sehr, sehr gute Übersetzungen von Tichonow, Antokolskij, Sabolotzkij, alle ohne Ausnahme; am besten in der Unversehrtheit und lyrischen Gestrafftheit sind wohl die Übertragungen von Serjosha Spasskij. Bei meinen gibt es nicht eine, in der Druckfehler nicht den Sinn bis zur vollen Unverständlichkeit entstellten. Das ist Starostins Schuld, der sich nicht bemüßigt gefühlt hat, mir die Fahnen zur Korrektur zu schicken. Aber das braucht Sie nicht zu interessieren; ich werde Bebutow schreiben, damit die Druckfehler in der Ausgabe von Tbilissi nicht stehenbleiben.

Die besten Stücke sind die der letzten Jahre in der zweiten Hälfte des Buches. Sie haben recht, das Vorgefühl des Endes ist überall zu spüren. Besonders fühlte ich es in den Zeilen:

>»Nur der liebt Herd und Heimat,
den ihr Verlust bedroht.«

Soviel auch von der Qualität des Übersetzung abhängt, geben doch nicht einmal die besten wieder, was Wesen und Reiz des Originals ausmacht (man kann es nur ahnen). So kann man in den Gedichten ›Begegnung mit Balmont‹ (übersetzt von Dershawin), ›Die Legende vom Tarapawani-See‹ (übersetzt von Sabolotzki) und ›Geburt des Gedichts‹ (übersetzt von Martynow) wie von glücklichen Zufällen sprechen, die sich selten aus allem übrigen losreißen und den Eindruck betörender Frische vermitteln.

Hier überall tritt die wichtigste, bewegende Kraft des Poeten Tizian hervor – die hingebungsvolle Liebe zum Leben, zur heimatlichen Geschichte, zur Natur –, die, verbunden mit dem Gefühl des Verurteiltseins, diesem Thema den steten elegischen Unterton gibt. Darin liegt sehr viel menschliche Güte, viel mehr als in mir und Paolo, nicht zu reden von Jessenin und Majakowskij.

Dieser Zug der Herzensgüte zusammen mit der starken Bildhaftigkeit (»mit der Mutter Mund und den Lippen des Säuglings«, »schwarzer Schnee der Berliner Straßen«, »wo gelb der Schwarm der Goldamseln schimmert, aber es sind nicht Goldamseln, sind Mandarinen«), das ist die Hauptsache im Buch, sein Bestes, seine Seele.

Es gehen Gerüchte um, daß der Roman in Polen kapitelweise in Fortsetzung erscheint (in einer Zeitschrift)... Die Wolken ballen sich zusammen und werden sich noch mehr verdichten. Wohin das führen, was daraus werden wird, läßt sich überhaupt nicht sagen.

> Ich bin keine schwatzhafte Elster,
> ergötze mich nicht an der eigenen Angst.*

Vielleicht wird der Herrgott es ja nicht zulassen, aber, Nina, wenn ich für Sina und Ljonja nicht mehr sorgen kann, wenn das Gewitter sich über Haus und Peredelkino entlädt, Sie aber gesund sind, dann laden Sie sie nach Georgien ein, damit sie dort die Prüfungen abwarten können und in der künstlich geschaffenen feindseligen Atmosphäre nicht allein sind.

Sprechen Sie zu niemandem von meinen Befürchtungen, auch nicht zu den Nächsten, damit diese Befürchtungen nicht das Schicksal meines Sammelbandes in ›Sarja wostoka‹ beeinflussen; denn ich möchte für alle Fälle um Honorar für die Übersetzung bitten *. Ich hoffe, hoffe, daß alles nicht so kommen wird (zu Hause wissen sie nichts von den atmosphärischen Schwankungen mal zum Schlechteren, mal zum Besseren). All das ist ein Spiel höherer, unzugänglicher Mächte mit mir, zu gewaltig, zu weitausgreifend, als daß ich irgendetwas vorhersehen könnte. Noch vor einem Jahr hätte ich nicht im Entferntesten geglaubt, daß alles so schroff wieder zurückgedreht werden könnte.

Ich küsse Sie herzlich.   Borja

Lieber Simon!
Während der letzten Krankheit lebte ich lange gelöst aus meiner gewöhnlichen Lebensform und ihrer Arbeitskontinuität. Nichts rührte, nichts prägte sich ins Gedächtnis. Wahrscheinlich war es gerade in jenen Tagen, daß Sina oder Nina mir ins Krankenhaus oder ins Sanatorium die russische Übersetzung (sehr gut, hochliterarische Qualität) Ihres Aufsatzes über Tizian Tabidse * schickte. Ich legte ihn beiseite und vergaß, wohin.

Zufällig fand ich ihn heute abend wieder, als ich vergeblich etwas anderes Verlorengegangenes suchte: die verschwundene, eben vor der Krankheit fertiggewordene Schreibmaschinenkopie der ›Maria Stuart‹. Ich stieß auf die zusammengefalteten Seiten Ihres Essays und las ihn jetzt zum erstenmal ganz durch.

Es ist ein sehr guter Aufsatz, manche der so lebhaft erzählten Erinnerungen erstehen vor den Augen neu, manche Reflexion, manches Wichtige, Ernste – interessant dargelegt – hat mehr generelle Bedeutung. Dokument von Gewicht und Autorität, an das sich in der Folge alle werden halten müssen, ist der ganze Abschnitt über den Spaziergang auf der Tschawtschawadse-Straße, der ganze Abschnitt über den Begriff »gadawardna«.*

Mir steht ein sehr ernster Winter bevor mit Prüfungen und Angriffen. Ich habe selber im Roman die geistige Spaltung von Menschen geschildert, gegen die in unermüdlichen, gewohnheitsmäßigen Zeitungsartikeln und Filmen Beschuldigungen vorgebracht werden, in erhabenen und schön klingenden Tiraden, die so offenkundig und unanfechtbar zu sein scheinen, daß diese Menschen aufrichtig kapitulieren und sich selbst anklagen. Wahrscheinlich sind die Trugbilder dieser Befindlichkeit auch mir beschieden, aber das ändert den Lauf der Tatsachen nicht im geringsten; ich bin kein Wundertäter, bin nicht imstande, das Leben der Ideen, Belange und Auffassungen in der Welt anzuhalten. ›Doktor Schiwago‹ ist ein nur zu natürliches und zeitgenössisches Glied in ihrer Kette. Das Schicksal eines Werks muß man vom Schicksal des Autors trennen, es muß selbständig und anders sein. Bei großen Menschen und großer Literatur ist das naturgegeben, in für die Kunst glücklichen Epochen begreifen das schon die Kinder, aber das begreift niemand in unserer Zeit, die sich so um die Vernichtung des Künstlers im Menschen bemüht, so hartnäckig an der Vernichtung der Persönlichkeit und ihres Begriffes in uns arbeitet. Das, was mir bevorsteht, liegt nicht im Aufruf künftiger Kategorien: Mein Name und meine Sache werden sich gesetzmäßig entwickeln, unverdient und sogar fern von allem, was mir träumen könnte, aber mein persönliches Geschick wird Gegenstand blinder Zufälligkeit sein, die zuläßt, was ihr gefällt – vom glücklichen Ausgang bis zur unseligen Katastrophe.

Ich möchte noch ein bißchen mehr zu Ihrem Essay sagen. Sehr richtig sind Ihre Bemerkungen über die Belanglosigkeit des Unterschiedes zwischen direkter lyrischer Sprache, die ohne Vergleiche auskommt, und derjenigen, die mit Metaphern arbeitet; sehr gut, die dafür angeführten Beispiele von Puschkin und Barataschwili. Es ist falsch, zu glauben, Metaphern seien Elemente der Schriftsprache und des Schöpferischen; die Metapher kam ja in die Literatur aus der mündlichen Rede, die, anders als die Sprache künstlerischer Wahl, ganz aus Worten besteht, die in direktem und übertragenem Sinne gesprochen werden, und wo, wie mir scheint, noch deutlicher wird, daß direkte Aussage und Metapher keine Gegensätze sind, sondern zeitlich verschiedene Stadien des Denkens, eines früheren, wo, aus dem Augenblick geboren, der Gedanke, nicht in der Metapher reflektiert, sich ausdrückt, und eines abgelagerten, wo der Sinn festliegt und seinen Ausdruck nur in metaphorischer Bekräftigung vollenden kann. Und wie in der Natur nebeneinander frühe und späte Sorten verschiedener Entwicklungsspannen bestehen, so soll man nicht in sinnloser Askese den Ablauf des Seelenlebens lediglich in Erscheinungen von Nur-Anfangs- oder Nur-Endordnungen einzwängen.

Zum Schluß über die Intonation. Dieses Wort wurde früher

häufig in Wort und Schrift in bezug auf meine Lyrik angewandt, und immer rief es in mir ein nicht wegzudiskutierendes Mißbehagen und Unverständnis hervor. Dieser Terminus ist zu abseitig und ärmlich, um das Grundsätzliche und so vieles Umfassende einzuschließen, auf das man sogar in den jungen Tagen des Zusammenbruchs der alten Gesellschaftsordnung und der Straßenprügeleien eine Theorie hätte aufbauen können.

Gewiß, Tizian benutzt diesen Terminus unrichtig und in stärkerem Maße als andere. Verstand er darunter etwas vollkommen anderes, vielleicht das, was in der Periode von ›Meine Schwester das Leben‹ die Gewalt eines technischen Gesetzes über mich hatte, und wenn es so war, dann war es der Wahrheit näher.

1917/1918 wollte ich meine Erzeugnisse so nahe wie möglich dem Stegreif halten, und zwar nicht so, daß ich mich bemühte, die Gedichte in ›Meine Schwester das Leben‹ und in ›Themen und Variationen‹ in einem Zug zu schreiben oder sie so wenig wie möglich zu korrigieren, sondern in den Grundlagen einer konstruktiv-bestimmten Ordnung.

Wenn vorher oder später mich etwas festhielt und ein Gedicht daraus entstand, das sich als hell oder tief oder heiß oder stark erwies, so schrieb ich in den genannten Jahren (1917/18) nur das, was durch seine Sagbarkeit, gleichsam durch den Schwung des Satzes sich als Ganzes aus mir selbst herausriß, unwillkürlich und unteilbar, unerwartet-unanfechtbar.

Das Prinzip der Wortwahl (ein sehr langweiliges) bestand nicht in der Überarbeitung und Vervollständigung der Entwürfe, sondern es war die Kraft selbst, mit der einiges plötzlich sich herausdrängte und mit einem Anlauf sich hineinfallen ließ in Frische und Natürlichkeit oder in Zufälligkeit und Glück.

Entschuldigen Sie, daß ich Sie mit der Zergliederung Ihrer Gedanken ermüde. Nun aber das wichtigste und tragische Lob für Sie, das die ganze Zeit über sich bitter aufdrängte, das ich bisher zurückgehalten habe und dennoch ausspreche: der Essay ist Kennzeichen und Kriterium Ihrer selbst, Ihrer Einsamkeit in der Menge sich mischender Namen und Gesichter, die längst und irgendwo weit zurückgeblieben, nicht mehr unterscheidbar ist. Für wen die pochende Ader Ihrer Forschungen, Ihre Genauigkeit, Ihre Ästhetik, die Höhe und Dichte Ihres einsamen Wissens?

Ihr B. Pasternak

An Nina Tabidse   22.12.1957

Liebe Nina, ich will schon längst Nita oder irgend jemanden um Nachricht darüber bitten, wie es Ihnen geht, werde immer wieder daran gehindert und halte diesen natürlichen Ausdruck meiner Unruhe zurück. Vor ungefähr einer Woche brachte Rodam mir Ihren mit Bleistift geschriebenen, völlig verwischten Brief. Ihre hohe Fieberkurve ist erschreckend. Mir schien, daß dieser Brief irgendwo liegengeblieben war und aus früherer Zeit stammt, als der, den wir mit der Post bekamen...
Ich bitte Sie sehr, lassen Sie irgend jemanden schreiben, wie es Ihnen jetzt geht.
Dann bestellen Sie Simon, Konstantin Lordkipanidse und allen, daß, obwohl ich ›Literarisches Georgien‹ noch nicht gesehen habe, man mir von allen Seiten erzählt, wie vornehm viele Autoren ihrer Beziehung zu mir Ausdruck geben; Jewtuschenko und Starostin erzählten es, Sdanewitsch und andere schrieben es. Ich bin allen sehr dankbar dafür, es freut und beglückt mich...
Ich küsse Sie herzlich   Ihr B.

An G. W. Bebutow   24.5.1958

Lieber Garegin Wladimirowitsch!
Langer Krankenhausaufenthalt ist schuld daran, daß ich Ihnen bis jetzt nicht für das Buch gedankt habe *. Ich konnte mich nicht daran freuen. Ich liebe Erinnerungen und Vergangenes

nicht, besonders nicht meine eigene Vergangenheit. Meine Zukunft ist mir unendlich viel wichtiger, nur für sie kann ich leben, mir ist nicht danach zu Mute, rückwärts zu blicken.

Sie werden fragen, warum ich die Ausgabe zugelassen habe? O nein. Neuauflagen und Übersetzungen sind reale Materialquellen, sie sind Brücken zum Künftigen, Wege zum Künftigen, für das ich lebe.

Aber meine Beziehung zu dem Buch (bei dem mich auch der grobschlächtige Einband abstößt) ist eine Sache, eine vollkommen andere ist Ihr Vorwort, Ihre Redaktion, Ihre Betreuung und Auswahl, Ihre Ausgrabungen – Wunder, die Sie vollbracht haben mit der Aufbewahrung und dem Heraussuchen von Varianten, von denen ich so viele vergessen habe, daß sie für mich kaum noch existieren.

Verzeihen Sie mir bitte, daß ich, und das nicht zum ersten Mal, meine Dankbarkeit so karg und blaß ausdrücke. Es kommt nicht daher, daß ich ein undankbares Schwein geworden wäre. Aber mehr und mehr trägt mich mein Schicksal irgendwie auf die Seite, wenig ist davon einstweilen bekannt, und selbst mir ist nur die Hälfte zugänglich. Ich weiß nicht, ob diese Abspaltung sich ausgleichen wird, alle Geheimnisse zu meinen Lebzeiten offenbar werden. Höchstwahrscheinlich wird viele Jahre nach meinem Tode klar werden, auf welchen weiten, weitesten Grundlagen die Arbeit meiner letzten Jahre sich ausdehnte, wodurch sie atmete, was sie speiste, wem sie diente. Aber Ihnen danke ich vielmals und herzlich.

Ihr B. Pasternak

An Nina Tabidse 11.6.1958

Liebe Ninuscha, danke für Ihre Fürsorge, den Brief, die Postkarten. Ich fühle mich gut, das Bein schmerzt erheblich weniger, tut aber beim Hinsetzen weh. Ich glaube, selbst wenn die Schmerzen ganz aufhören, werde ich im Herbst das Bein doch einmal Tschaklin zeigen, vielleicht drängele ich mich zur

Operation, denn irgendetwas sitzt im Knie, und bei der kleinsten ungeschickten Bewegung fürchte ich jedesmal, es könnte all diese langwierigen Scheußlichkeiten wieder in Gang setzen. Mein Gesamtbefinden ist dennoch sehr gut, und Herumtrödeln gibt es nicht, ich muß Gesundheit und Freiheit nutzen und etwas schaffen! Eine Mahnung daran, daß in der Welt des Schaffens nichts sich an Regeln hält, alles an Ausnahmen, und das Übrige, sei es noch so ordentlich und achtbar, nichts damit zu tun hat, eine solche Mahnung war hier bei uns der Pianist van Clyburn (ach ja, Sie trafen ihn noch bei uns). O. W., Bannikow und viele andere meinen, ich müßte jetzt Gedichte schreiben, in der Art, wie ich sie unmittelbar vor der Krankheit schrieb. Ich habe wohl einiges niedergeschrieben, aber ich bin nicht nur nicht überzeugt, daß die Freunde richtig urteilen, sondern ich bin vom Gegenteil überzeugt. Ich glaube, daß trotz all dem Gewohnten, das wir weiterhin vor Augen haben, hören und lesen, dies alles nicht mehr existiert; es ist schon vergangen, hat stattgefunden, eine gewaltige, unerhörte Kräfte kostende Epoche ist zu Ende und vorbei. Es wurde ein unendlich großer, einstweilen noch leerer Raum frei für Neues, Niedagewesenes, frei dafür, daß durch geniale Unabhängigkeit und Frische etwas erahnt wird, frei dafür, daß das Leben neue Ziffern und Tage suggeriert und souffliert.

Jetzt wird die Künstler nicht mehr quälen, ob man sie anerkennt und ob die stehengebliebene, antiquierte politische Gegenwart beziehungsweise Macht sie anerkennt, sondern die Unfähigkeit, von überkommenen Begriffen sich vollkommen loszureißen, einengende fesselnde Gewohnheiten zu vergessen, Kontinuität zu zerstören…

Man muß begreifen, daß alles Vergangenheit geworden ist, daß das Ende des Gesehenen und Erlebten schon gekommen ist und nicht noch bevorsteht. Man muß den Gedanken aufgeben, daß alles erst angekündigt wird, ehe es zu existieren beginnt, und man muß die Möglichkeit einer Zeit einräumen, in der sich erneut ohne vorherige Ankündigung alles bewegt und verändert. Diese Schwierigkeit gilt auch für mich. »Schiwago« ist ein sehr wichtiger Schritt, bedeutet großes Glück und Erfolg, wie ich sie mir nie hätte träumen lassen. Doch der Schritt wurde auch zusammen mit der Epoche getan, die sich in diesem Buch mehr ausdrückt als alles von anderen Geschriebene; dieses Buch und sein Autor gehen in die Vergangenheit, und vor mir, dem noch Lebenden, eröffnet sich eine Weite, Ungenutztheit und Reinheit, die man zunächst begreifen und dann mit dem Begriffenen füllen muß. Und woher soll ich die Kräfte nehmen? Dieses einzig Notwendige durch veraltete Kleinigkeiten zu ersetzen, wäre kurzsichtig und sinnlos. Darum habe ich keine Freude am Wiederaufnehmen des Gedichteschreibens, und all das, was ich schicke, ist schwach. Wenn ich mich schon auf diesem Feld bewege, erfordert es schärfer abgegrenzt einen neuen Teil von Gedichten, verbunden durch ein hervorragendes neues Merkmal. Vielleicht gelange ich noch dahin. Trotzdem schicke ich Ihnen die Gedichte. Ich schreibe sie mit der Hand ab. Werden Sie ihnen auf den Grund gehen? Ich küsse Sie herzlich.

Borja

An Konstantin Lordkipanidse   22.6.1958

Lieber Konstantin Alexandrowitsch, längst wollte ich Ihnen danken für die Aufmerksamkeit und Unterstützung, die Sie mir in den letzten Jahren so großzügig erweisen. Ich erhielt Ihr Telegramm und kann antworten, daß nur ›Juli‹ in ›Snamja‹ abgedruckt ist, die übrigen Sachen sind noch unveröffentlicht. Ich lege Ihnen einige Gedichte bei, die erst kürzlich nach einem neuerlichen langen Krankenhausaufenthalt geschrieben wurden. Ich schicke sie Ihnen ganz unverbindlich ohne jegliche Prätention auf Veröffentlichung, so genau sehe ich, wie öde und farblos sie sind. Ich sage das nicht aus falscher Bescheidenheit und auch ohne jede Bitterkeit, denn ich kann jetzt keine anderen Gedichte schreiben. Ich notiere sie auf wie zwischendurch, nicht mit voller Kraft und, aus vielerlei Gründen, nicht mit ganzer Seele.

Erstens, weil die Zeit durch häufige und monatelange Krankenhausaufenthalte mir irgendwie als Zwischenstadium, übergangshaft und brüchig erscheint...

Zweitens, selbst in dieser Atempause von ungewisser Dauer, die bis zum Ende oder bis zu neuer Erkrankung anhält, bedeutet mir meine Lyrik sehr wenig und kann nicht viel Raum beanspruchen. Zudem wird viel von mir verlangt, und viel gibt mir der sich in letzter Zeit in verschiedenen Bezügen anspinnende westliche Briefwechsel: heute über Rabindranath Tagore wegen seiner Londoner Biographie, morgen – über Faust. Anfrage von irgendeinem Museum an seinem (Fausts!!) Geburtsort in der Nähe von Stuttgart usw. usw. Ich drücke Ihnen warm die Hand.

Ihr B. Pasternak.

An Mark Slatkin 2.9.1958

Lieber Mark Israiljewitsch,
es betrübt mich sehr, daß Sie, statt mich zum Nutzen des Verlages herauszubringen, mein Buch mit einem solchen finanziellen Verlust ediert haben. Die Auslieferung von 3000 Exemplaren deckt nicht die Hälfte des Betrages, den Sie auf Grund des Voranschlags mir im Juni als Autorenhonorar überwiesen haben. Wenn ich auch fast bis zur Unbekanntheit vergessen worden bin, so, glaube ich, doch nicht in dem Maße, daß nicht eine Auflage von wenigstens 10000 hätte verkauft und damit Ihre Unkosten hätten gedeckt werden können. Ich weiß, all das hängt natürlich nicht von Ihnen ab, zusammen mit dem allgemeinen Schicksal der Literatur klügeln so etwas die Leute in den übergeordneten Verwaltungsinstanzen aus, dennoch hat man ihnen nachzueifern. Nun – das ist Ihre Sache. Sehr schade.

B. Pasternak

Werktage, an denen man Sie besucht, werden zum Fest. Am Tage darauf überströmte mich die Empfindung, alles bei Ihnen Gesehene und Gesagte nur geträumt zu haben. Der einzige, mit keinem anderen Schatz vergleichbare Reichtum des Herzens – die Kunst muß im Traumgesicht bestehen und überdauern.

> Vergangenen Gewitters Spur hängt in den Lüften,
> rings atmet alles selig, neu belebt.
> Mit seiner Dolden reicher Fülle trinkt der Flieder
> die Frische, die sein Blätterwerk umschwebt.
> Ein neues Leben schenkt des Wetters Wende,
> die Rinnen überspült von Regenflut,
> doch heller scheinen jetzt des Äthers Farben,
> hinter der Wolke Himmelsbläue ruht.
> Es wäscht allmächtiger vom Antlitz aller Dinge
> den Staub und Schmutz hinweg die Malerhand,
> daß damit Leben, Wirklichkeit und Sage
> Erneuerung der Farbpalette fand.
> Erinnerungen an das Halbjahrhundert
> ziehen wie ein Gewittersturm vorbei.
> Die Zeit ist aus der Vormundschaft entlassen,
> man gebe jetzt den Weg der Zukunft frei.

B. Pasternak.

Liebe Tschukurtma!
Sie haben mich bewegt. Das darf nicht ohne Spur bleiben, es darf Ihnen nicht unbekannt bleiben, wie teuer Sie und Ihre Art mir sind. Aber ich will keine Albernheiten sagen, will nicht durch Lächerliches, Unangemessenes den Ernst Ihres und meines Lebens verletzen. Und dennoch muß ich Ihnen etwas sa-

gen. Wenn Sie mich zur Zeit meines Todes nicht vergessen haben und ich Ihnen noch durch irgendetwas nötig bin, denken Sie daran, daß ich Sie in die erste Reihe meiner besten Freunde gestellt habe und Ihnen das Recht gab, um mich zu trauern und an mich als an einen sehr nahen Menschen zu denken.

In Ihrem Leben wird es auch unabhängig von meinen Wünschen viel Freude geben. Ich wünsche Ihnen noch mehr, unendlich viel mehr.

B. Pasternak

An Georgij Margwelaschwili *   17.3.1959

Lieber Georgij Georgijewitsch,
(Habe ich Ihren Vatersnamen verwechselt?) Als Sie mir schrieben *, war ich mit meiner Frau in Tbilissi.

Selbstverständlich werde ich gern tun, was Sie möchten. Aber erklären Sie mir vorher verbindlich, wie meine augenblickliche Situation generell und speziell in den Augen des Verlags ist, ob meine Arbeit nicht für Sie und für mich vergeblich sein wird.

Wir lebten ungefähr drei Wochen buchstäblich wie in Abrahams Schoß bei Nina Tabidse, die uns das halbe Haus überlassen hatte, uns mit Liebe, Fürsorge, Pflege und Ruhe umgab. Ich bin froh, jedoch ohne die frühere, verzückte Beglückung, dafür ist um so realer jenes Ursprüngliche und nicht Greifbare im georgischen Leben und seiner Kultur zu spüren, das ich bis jetzt nicht festzuhalten und auszudrücken vermochte, und das vielleicht auch niemand von Ihren Künstlern ausdrückte (so, als ob es nicht weiterhin im Leben wirke, nicht haften bleibe und doch nicht entschwinde). Dies zu Ende durchzudenken, stelle ich mir einmal zur Aufgabe. Es ist ein lebendiges Etwas, es besteht aus der Verflechtung des modernen städtischen Lebens mit der Natur und den der Natur verhafteten Menschen, aber wichtiger noch: aus uralten Schichten, aus zwei Ordnungen, die, festlich siegreich, in Oberflächlichkeit überzugehen drohten, und dann erschütternd tragisch zum Schweigen verurteilend, sich vertieften, unergründlich wurden.

Ich hielt mich viel in Ihren Museen auf und in dem, was als lebendiges Museum aufgefaßt werden kann oder als Fortsetzung der Vergangenheit in die Gegenwart – nämlich bei Ihren jungen Malern. Wahrscheinlich werde ich nie mehr im Leben etwas so Prachtvoll-Helles erleben.

Bei der Rückkehr nach Hause erwarteten mich Vorboten von Gefahren und Qual. Aber für das Recht, nur mit den Seelenvorräten zu leben, muß in der ganzen Welt bezahlt werden. Wissen Sie, was für Briefe ich erhielt? Aus Amerika wurde ein Brief mit falscher Adresse geschickt: Boris Pasternak, Hamburg, Germany. Und der Brief kam an! In Peredelkino!

Ich danke Ihnen für Ihr Gedenken und Ihre freundschaftlichen Gefühle.

Ihr B. Pasternak

An Tanit und Nina Tabidse 19.3.1959

Liebe Nita, als wir uns aufmachten, um zu Fuß zum Bahnhof zu gehen, glich dieser Aufbruch so sehr den Augenblicken, in denen wir uns zum üblichen Spaziergang ankleideten, daß ich – Macht der Gewohnheit – ganz vergaß, mich von Njanja und Manja zu verabschieden. Das kann ich mir nicht verzeihen. Bitten Sie um Vergebung für mich; ich erinner mich so gut an alles, was sie für uns getan haben, wie hilfreich sie waren... In meiner Fantasie setze ich die Spaziergänge und Gespräche mit Ihnen endlos fort. Auf diese Weise haben wir das Weichbild von Tbilissi längst hinter uns gelassen, und wenn es so weitergeht, werden wir bald den Erdkreis umrundet haben. Ich bin gesund (wie alle bei uns zu Hause), und die privaten Verdrießlichkeiten und Quälereien, die ich nach unserer Heimkehr befürchtet hatte, stellten sich nicht ein, Gott sei Dank. Aber tun Sie etwas für mich, Nita, erreichen Sie es: Überzeugen Sie Mama davon, daß sie das Schicksal der neuen Ausgabe von Papas Gedichten * nicht an die Aufnahme meiner früheren Übersetzungen knüpfen darf. Mama muß sich damit abfinden, daß diese wenigen Stücke entweder wegfallen oder in einer anderen Übertragung genommen werden. Jeder wird das Erzwungene dieses Vorgehens begreifen.

Eine Entschärfung meiner Situation ist von keiner Seite her zu erwarten. Bestenfalls werde ich einer ökonomischen Blockade unterworfen wie seinerzeit Soschtschenko*. Man verlangt von mir ein Gesuch um Wiederaufnahme in den Schriftstellerverband, das unbedingt die Verleugnung meines Romans enthalten muß. Das wird niemals geschehen. Dieses Buch, so hört man mehr und mehr in der ganzen Welt, nimmt den zweiten Platz nächst der Bibel ein.

Ich umarme und küsse Sie, Alik und Giwi. An Mama füge ich noch ein paar Zeilen an. Rufen Sie bitte Tschukurtma Gudiaschwili an, sagen Sie ihr, daß ich ihr den ›Faust‹ schicke, sobald ich ihre Adresse habe.

Liebe Nina, Sie fragten mich einmal nach einem bestimmten Eigennamen in einem von Tizians Gedichten*. Wahrscheinlich haben Sie seither längst von anderer Seite die gewünschte Information erhalten. Wenn nicht, wäre es mir ein Glück, wenn Sie schließlich doch noch von mir die Aufklärung erhielten. War es vielleicht der Name Awiafar? Ich geriet an diese Kunde jetzt ganz zufällig. Zu den ersten Bekehrten der heiligen Nino im Jahre 316 in Mzcheta* gehörte der Rabbiner Awiafar mit seiner Familie. Awiafars Tochter Sidonija war später eine Mitstreiterin Ninos, Zeugin ihrer Wundertaten und Prophezeiungen.*

Ich küsse Sie von ganzem Herzen. Wann kommen Sie zu uns?

Liebe Nina!
Ihr Brief über Ihre Krankheiten hat uns sehr bekümmert und
erschreckt. Ich verstehe nicht, in Panik zu geraten und mich zu
fürchten, aber ich verstehe, mich zu grämen, den Mut zu verlieren. Sie Arme, Arme! Pleuritis, Venenentzündung, all das sind
üble Sachen! ...
Was soll ich Ihnen von mir erzählen? Ich habe mich in die Arbeit an dem Stück * verliebt und glaube daran. Wenn ich es erlebe und nichts Unvorhergesehenes mich hindert, wird dieses
Stück nicht schlechter und nicht weniger als der Roman. Sie
können mir glauben; ich rede so etwas nicht in den Wind. Alles
um mich herum ist so märchenhaft und irreal, unter anderem
auch die Finanzlage. Eine Woche ungefähr muß ich alles Eigene
beiseite schieben und mich an längst fällige Übersetzungen
machen. Jetzt übertrage ich wie besessen (wie damals den
›Faust‹) von früh bis spät Calderon. Wahrscheinlich ist auch nur
besessene Arbeit real. Wenn ich ohne Eile und ohne Eifer arbeite, schläft mein Gehirn, ich fühle und merke nichts. Vielleicht habe ich Ihnen im Sommer etwas Törichtes über das spa-
nische Theater im Vergleich zu Shakespeare gesagt.
Es war ein oberflächliches, voreiliges Urteil. Mir war es nach
einem langen Leben und der Bekanntschaft mit so verschieden-
artigen Literaturen verschiedener Epochen angenehm, auf ein
mir vollkommen unbekanntes Phänomen zu stoßen, das nicht
seinesgleichen hat. Es ist eine ganz und gar besondere Welt,
sehr gut ausgearbeitet, genial und tief.
Das Stück ist irgendwie meine unmittelbare, lebendige Zukunft mit allem, was sich daraus abzweigt und was mit ihm
verbunden ist, meine einzige Leidenschaft und Sorge. Alles
Sonstige interessiert mich überhaupt nicht, als läge es 250 Jahre
zurück...

Liebe Nina Ossipowna, Lado und Tschukurtma!
Bei uns steht alles gut, im sichtbaren wie im unsichtbaren Bereich des Lebens. Die Dinge, die es ausmachen, sind längst über jenes Gebiet hinausgewachsen, auf dem man etwas tun, eine Dummheit, den Einfluß von Zufälligkeit, Klatsch und Blindheit ändern kann. Diese Kräfte bedrohen mich nicht mehr. Meine neue Arbeit ist jetzt in einem Stadium, in dem der Künstler beginnt, seinen neuen Einfall zu lieben, und es ihm scheint, daß sein allmählich sich entwickelndes Werk mehr und wichtiger ist als er selbst, daß, wenn er wählen und einem von beiden den Vortritt lassen müßte, lieber das Werk leben soll als er. So war es auch früher schon, wenn alles ganz klar lag. So ist es jetzt mit dieser Arbeit. Aber wie langsam sie sich entwickelt! Wie weit ist es noch bis zum Ende. Es wird eine Art Fragment aus der russischen Geschichte des 19. Jahrhunderts, umfaßt einen Zeitraum von 60 Jahren in dramatischer Form. Wie weit die Sache szenisch wird, wo und wann man es spielen wird, beschäftigt mich nicht einmal. Hoffnung hat mich unterworfen und hält mich in ihrer Gewalt, daß das Stück in seiner Art ein komprimiertes und intensives, schöpferisches Zeugnis der Echtheit oder der Richtigkeit innerer Ordnung sein wird. Mehr brauche ich nicht.
Wahrscheinlich könnte ich dieses Drama nicht mit solcher Lust schreiben, wenn der ganze Tag mir gehörte, wenn ich frei wäre. Aber zum Glück behindert mich ein Haufen von Nebendingen und Sorgen, die ich auf mich nehme, um mich der allgemeinen Tonart anzupassen, damit mein Feuer mein Geheimnis bleibt, damit ringsum niemand etwas erfährt, niemand etwas merkt.
Ich, wie Sie selbst gut wissen, liebe Sie alle drei von Herzen und küsse Sie fest.

Ihr B. Pasternak

Liebe Tschukurtma, mein lieber Freund!

Warum überhäufen Papa und Mama mich telegrafisch mit
soviel Rührendem und Schmeichelhaftem? Was geschah
bei Ihnen zu Hause, oder was haben Sie erfahren? Wenn Sie
Zeit dazu haben, erweisen Sie mir einen großen Dienst und
gehen Sie zu Nina Alexandrowna Tabidse, aber sagen Sie
ihr nicht, daß ich Sie darum gebeten habe. Stellen Sie fest,
wie es um ihre Gesundheit steht. Alexej Nikolajewitsch *
soll Ihnen die Wahrheit sagen. Dann lenken Sie das Gespräch auf irgendein anderes Thema. Nina Alexandrowna bildet sich ein, ich hätte mich ihr entfremdet, verhielte mich
aus irgendeinem Grunde ihr gegenüber schlechter und kälter.
Doch das ist ganz ausgeschlossen, das wird niemals sein.
Wenn sie dies aus ihrer eigenen Perspektive zu Recht befürchtet, das heißt wenn sie zugibt, daß sie durch ihre indirekte Einmischung in gewisse Seiten meines Lebens, in die sie sich
nicht einmischen sollte (weil sie keine Vorstellung davon hat),
meine Situation, die ohnehin nicht immer einfach ist, erschwert, und wenn sie mich vielleicht auch sehr verletzt, mir
sehr schadet, wird sie mich doch nie gegen sich aufbringen.
Mich schmerzt ihre Vermutung, die sie veranlaßt, mir nicht
zu schreiben, als ob ich mich von meiner langen und beständi-
gen Treue zu ihr und der Dankbarkeit für ihre lange Freundschaft losgesagt hätte. Man muß ihr diesen falschen Gedanken
ausreden.
Weshalb glaubt sie nur, mein Leben sei mißlungen, und mein
Geschick müsse mit ihrer Hilfe und der Hilfe von einigen alten
Bekannten korrigiert werden? ...
Liebe Tschukurtma, liebes Mädchen! Ich möchte wieder einmal schrecklich gern etwas sehr Komprimiertes schreiben,
etwas Starkes und Ernstes in dramatischer Form. Ich schlage
mich augenblicklich damit herum und glaube, früher oder spä-

ter wird es gelingen. Aber wieviel Seele und Mühe kostet das! Die Natur dieses Wahnsinns kennen Sie und Ihre Mama gut, am besten aber kennt sie Ihr fabelhafter, teurer und wunderbarer Vater. Aufrichtig und von Herzen

Ihr B. Pasternak.

NACHWORT

Schon wenige Jahre nach Boris Pasternaks Tod begann in der Sowjetunion, zunächst vorsichtig, dann immer kräftiger werdend, eine Pasternak-Renaissance. Die großen literarischen Zeitschriften veröffentlichten seine Gedichte, *Nowyj mir* brachte außerdem Frontberichte aus dem Jahre 1943 und 1967 ungekürzt die Autobiographie. Es kam ein stattlicher Auswahlband mit Gedichten und Poemen heraus. Prosa- und Briefpublikationen folgten. 1982 erschien ein umfangreicher Band, der sämtliche Prosaschriften enthält, und 1987/88 konnte schließlich mit dreißig Jahren Verspätung *Doktor Schiwago* erscheinen.

Der große Dichter hat endlich die volle Anerkennung in seiner Heimat gefunden.

1930 galt Pasternak, obwohl auch damals von marxistischen Literaturtheoretikern häufig kritisiert, schon als einer der bedeutendsten, wenn nicht gar als der bedeutendste zeitgenössische russische Lyriker. Damals lernte er Paolo Jaschwili kennen und verbrachte den ganzen Sommer des folgenden Jahres bei ihm in Georgien. Diese erste Reise wird dem Dichter zu einem Erlebnis, dessen Intensität bis an sein Lebensende nicht nachläßt.

Menschen und Landschaft Georgiens faszinierten Pasternak bis zum Überschwang. Ohne die Sprache zu kennen, vertiefte er sich mit Hilfe der Freunde in die georgische Dichtung, in die moderne wie in die der Romantik und des ausgehenden 19. Jahrhunderts: »Die Jahre meiner ersten Bekanntschaft mit der georgischen Lyrik sind eine besondere, helle und unvergeßliche Seite meines Lebens.«

Außer den nächsten Freunden, Tizian Tabidse und Paolo Jaschwili, fühlt Pasternak sich besonders Georgij Leonidse und

Simon Tschikowani verbunden. Leonidse war nicht nur ein Lyriker, sondern auch ein Literaturwissenschaftler von Rang und wurde für seine Arbeiten zweimal mit dem Lenin-Orden ausgezeichnet. Pasternak bezeichnet ihn als »Dichter konzentrierter Stimmungen, unlösbar von dem Boden, aus dem sie erwuchsen und von der Sprache, in der sie Ausdruck finden«, als »ganz und gar unabhängiger Dichter, der mehr als alle anderen mit den Geheimnissen der Sprache, in der er schreibt, vertraut ist, und dessen Gedichte sich daher weniger als alle anderen einer Übersetzung fügen.« ... von Tschikowani sagt er: »Die höchste Vollkommenheit all der verschiedenen aus dem Symbolismus hervorgegangenen Richtungen und Strömungen verkörpert das frische, vielseitige und unabhängige Schaffen Simon Tschikowanis. Das Recht auf diesen Platz gibt ihm die Bestimmtheit und Festigkeit des Tons, dieser wesentlichen Eigenschaft alles Großen im Unterschied zum verschwommenen Ungefähr, dem Bestandteil der Unvollkommenheit. Das bildhafte Element erhält bei Tschikowani neue, verwandelnde, in höherem Maße existentielle Bedeutung. Tschikowani ist Dichter und Maler von Geblüt, und das Artistische, ähnlich wie bei Whitman und Verhaeren, gibt ihm die Weite und Freiheit in der Themenwahl und ihrer Behandlung.«

Pasternak fand sich bei seinem ersten Besuch in Georgien alsbald in der Mitte jenes Dichterkreises, der aus der 1915 von Tizian Tabidse gegründeten Dichterschule ›Golubyje rogi‹ (die blauen Hörner) hervorgegangen war. Das ästhetische Programm der damals Zwanzigjährigen war längst überwunden; sie alle hatten eigene literarische Wege gefunden, aber die Freundschaft war geblieben, bereichert durch die engen Kontakte zur inzwischen herangewachsenen ersten Komsomol-Dichter-Generation, deren Prototyp wiederum Tschikowani ist.

Als Tabidse 1915, damals Student in Moskau, das Gründungsmanifest der Gruppe ›Golubyje rogi‹ verfaßte, hatte er erklärt: »Die beiden Worte sind der Ausdruck der wahren georgischen Weltauffassung.« Die Hörner, aus denen man den Wein trinkt, charakterisieren die Zugehörigkeit zum georgischen Volksleben, »und die blaue Farbe – ist die Farbe der Romantik... Die blaue Farbe bildet den Ausgangspunkt für den philosophischen Idealismus«.

Die Blauhörner waren gleicherweise vom russischen Symbolismus wie von der französischen und belgischen Dichtung der Jahrhundertwende inspiriert worden. Sie nannten sich Symbolisten, nahmen aber dies Etikett nicht sonderlich ernst. Tabidse schrieb:

»Natürlich ist uns klar, daß der Symbolismus in Georgien erst Fuß faßte, als er in anderen Ländern aus einem kämpferischen Vortrupp zu einer akademischen Schule geworden und die neue Schule des Futurismus schon auf den Plan getreten war. Aber das ändert nichts an der Lage. Der europäische Futurismus setzt die Sache Mallarmés fort. Ob man das als eine Vertiefung des Symbolismus oder als Anfang des Futurismus bezeichnet, ist gleichgültig.«

Der »verspätete« Symbolismus in Georgien vereinte in sich futuristische, expressionistische und dadaistische Elemente und ist vor allem als revolutionäre Strömung gegen erstarrte Formen in der georgischen Dichtung zu verstehen. Seine Anführer Jaschwili und Tabidse und die Mehrzahl seiner Vertreter waren durchaus pro-sowjetisch gesinnt und fanden sich mit dem Zusammenbruch des 1917 wieder selbständig gewordenen, menschewistisch regierten Georgien im Februar 1921 und dem Anschluß an die bolschewistische Sowjetunion ab.

In einem wichtigen Punkt hatten sich die Blauhörner von den russischen und westlichen Modernisten von Anfang an unterschieden: in ihrem romantischen Grundzug und in der Verehrung der tausendjährigen georgischen literarischen Tradition. Auch Pasternak geriet rasch in deren Bannkreis: Nikolaj Barataschwili (1816–1845), Sproß einer verarmten Fürstenfamilie, und Washa Pschawela (1861–1915), der Sonderling, interessierten ihn sogleich. Jahrelang beschäftigte er sich gründlich mit ihnen, später auch mit Akakij Zereteli (1840–1915). Barataschwili und Washa Pschawela wuchsen ihm besonders ans Herz.

Im Vorwort zu einem 1947 erschienenen Sammelband georgischer Lyrik charakterisiert er beide Dichter: »Die literarischen Formulierungen, z. B. die Schönheit der Allegorie oder die Genauigkeit eines Sprichwortes, entsprechen der Sensibilität des georgischen Volkscharakters, seinem Hang zum Fabulieren, seiner rhetorischen Begabung, seiner Fähigkeit, sich zu begeistern. – Diese Züge von Mitteilsamkeit, der Lust an witzigem Wortspiel bestimmten Schicksal und Naturell von Nikolaj Barataschwili. Wie ein Meteor erhellte er die georgische Dichtung auf ein ganzes Jahrhundert im voraus, markierte ihren bis heute nicht verwischten Weg. – Ungeachtet seiner persönlichen Ungeselligkeit und der Einsamkeit seiner Muse, ist Barataschwili in der Stille wirklicher Einsamkeit, über die er so oft klagt, undenkbar. Man kann ihn nicht trennen von der städtischen Gesellschaft, mit der er in ständiger Fehde lag. Der tragische Zwiespalt, der ihn von seiner Umgebung trennte, wurde von ihm so klar und schlicht wiedererzählt, daß er für die Nachwelt zur Schule für Loyalität der Gesellschaft gegenüber wurde. – An Bedeutung am nächsten kommt ihm Washa Pschawela, in vielem sein genaues Gegenteil. Er war wirklich ein Einzelgänger, eine kontemplative Natur, und zog sich in die unzugänglichen Berge zurück. Nur der große Friedensstifter Tod vereinte die eigenwillige Sprache Barataschwilis mit der allen verständlichen Stimme, in der Washa Pschawela von seinen ersten Anfängen an dichtete, nämlich in der des einfachen Bergvolkes. Den herben Ton der Hochgebirgsabgeschiedenheit verfeinerte Washa Pschawela später in einem Maße, daß seine Bücher zum Eigentum weniger wurden und zur Kultivierung der Individualität führten, vergleichbar den Werken der großen Individualisten der jüngsten Vergangenheit im Westen.«

Die Liebe der Georgier zu ihrer Tradition hängt mit dem politischen Schicksal des Landes zusammen: während das 19. Jahrhundert, das klassische Jahrhundert des Nationalismus, kleine und kleinste Völker zur Forderung nach Eigenstaatlichkeit und

Expansion drängte, verschwand Georgien als Staat gerade in dieser Epoche von der Landkarte und wurde russische Provinz. Sein Patriotismus wandte sich nach innen und mußte sich darauf beschränken, sein kulturelles Eigenleben gegen die zaristische Russifizierungspolitik zu behaupten.

Dies konnte gelingen, da das Königreich Georgien sozusagen freiwillig sich dem russischen Zaren »anvertraut« hatte und seine uralte, hohe Kultur in vieler Hinsicht der des damaligen Rußland überlegen war. An den Südhängen des Kaukasus, an der Ostküste des Schwarzen Meeres, westlich des armenischen Hochlandes gelegen, mit Persien als südlichem Nachbarn, hatte Georgien an allen großen politischen und kulturellen Epochen seit Menschheitsgedenken teil. Seinen Fluß Rion, an dem Tabidse seine Kindheit verlebt hat, nannten die Griechen Phasis. Hier liegt Kolchis, das Ziel der Argonautenzüge. Hier spielt Medeas Tragödie. Vom Süden ständig durch die Perser bedroht, aber auch kulturell bereichert, im Westen durch das Schwarze Meer mit Europa verbunden, gelangte Georgien durch Pompejus vorübergehend unter römische Oberherrschaft. Im vierten Jahrhundert christianisiert, unterstellte sich das Königreich 574 dem Schutz Konstantinopels. Im Laufe des 8. Jahrhunderts begannen arabische Einfälle mit zeitweiser arabischer Vorherrschaft. Immer wieder gelang es fähigen georgischen Königen, ihr Land in eigener Regie zu führen. Das 11. und 12. Jahrhundert sah Georgiens höchste Blüte. Sein größter Dichter, Schota Rustaweli, bringt in seinen Epen persische und europäische Poesie zur Synthese. Seine Dichtung beeinflußte sogar die italienische Renaissance. Dschinghiskhans Reiterhorden zertrampelten die Blüten solcher Kultur. Kaum hatte sich das Land erholt, machte Timur Lenk um 1390 den neuerlichen Aufschwung zunichte. Seit dem 15. Jahrhundert gab es drei georgische Reiche: Imereti, Kartweli, Kacheti. Noch drei Jahrhunderte lang konnten sie sich zwischen den Persern und dem Osmanischen Reich halten, dann unterstellte Herakles II. (Iraklij II.) Kartweli und Kacheti 1783 dem russischen Schutz. 1801 besetzte Alexander I. auch

Imereti und erklärte ganz Georgien zur russischen Provinz. Die Prinzen der königlichen Familie erhielten reiche Apanagen und hohe militärische Ränge, mußten aber das Land verlassen und nach Rußland übersiedeln. Wenig später nahm die seit längerem begonnene Unterwerfung des gesamten Kaukasusgebiets ihren Fortgang. Die kaukasischen Gebirgsvölker wehrten sich jahrzehntelang erbittert gegen die neue Ordnung; und auch nach ihrer »Befriedung« (1859) kam es immer wieder zu blutigen Aufständen.

Den reichen literarischen Niederschlag der russischen Eroberung von Kaukasus und Transkaukasien finden wir bei Puschkin, Lermontow, Tolstoj und anderen russischen Schriftstellern, die von der Landschaft, den Menschen und ihrem Lebensstil hingerissen waren. Der erste jedoch, der sich Gedanken darüber machte, was es mit dieser Faszination auf sich habe, war Pasternak. Zunächst erregte und begeisterte ihn *alles*. Er bemühte sich vergebens, herauszufinden, was es sei, was das ganz Besondere dieses Landes ausmache. Daß es nicht nur das südliche Temperament, die südliche Sonne, das warme Meer und die Majestät des Kaukasus sein konnten, welche die ihn so bezaubernden Lebensformen und -haltungen hervorgebracht hatten, spürte er deutlich. Immer wieder versucht er, dem Phänomen Georgien, dem »eigentlich Bedeutsamen«, wie er es nennt, nahe zu kommen. Wir können es vereinfacht die kulturhistorische Kontinuität nennen, die Georgien, eingebettet in die großen Kulturkreise Europas und Asiens, bewahrt hatte. Nach seinem letzten Besuch in Georgien, im Frühjahr 1959, schrieb Pasternak an Margwelaschwili: »... Ich bin froh, aber ohne die frühere, verzückte Beglückung, dafür ist um so realer jenes Ursprüngliche und nicht Greifbare im georgischen Leben und seiner Kultur zu spüren, das ich bis jetzt nicht festzuhalten und auszudrücken vermochte... Dies zu Ende durchzudenken, stelle ich mir einmal zur Aufgabe...« Pasternaks letzter, nicht mehr ausgeführter Arbeitsplan bestand darin, eine historische Novelle aus dem frühchristlichen Georgien zu schreiben.

Rußland war eine Kontinuität, wie Georgien sie besaß, verwehrt geblieben. Nachdem die erste europäische Blütezeit, durch den Einfall der Goldenen Horde vernichtet wurde, war dem Lande keine kontinuierliche Entwicklung mehr beschieden gewesen. Nicht zuletzt daran scheiterte schließlich das zaristische Imperium, und nicht zuletzt deswegen waren mehr als fünfzig Jahre lang die Anstrengungen der sowjetischen Kulturpolitik so stark auf Vereinheitlichung des kulturellen Lebens und des kulturellen Niveaus gerichtet.

Die Geschichte dieser Kulturpolitik spiegeln, manchmal andeutungsweise und indirekt, manchmal ganz unmittelbar, die Briefe an die georgischen Freunde. Dem aufmerksamen Leser wird keine Nuance dieses äußerst komplizierten, bei aller scheinbaren Widersprüchlichkeit ganz konsequenten Prozesses entgehen. Für Pasternak, der die Revolution von Grund auf bejaht – es geht nicht nur aus diesen Briefen hervor, sondern aus all seinen Äußerungen zum Thema Revolution –, bringt die sowjetische Kulturpolitik zahllose, teils zu bewältigende, teils unüberwindliche Schwierigkeiten. Die Revolution gehört zu den ganz wenigen, sein Leben von Grund auf bestimmenden Erlebnissen, die er mehrmals chronologisch aufgezählt hat: das Vorbild der väterlichen Arbeit, Skrjabin, Marburg, Rilke, Venedig, die russische Dorfnacht, die Revolution und Georgien. Pasternak begreift die Revolution als eine große, notwendige Phase der Menschheitsentwicklung und will ihr dienen: als Künstler. Fähigkeiten zum Kulturfunktionär besitzt er nicht. Sein Beitrag zur Revolution ist seine Kunst, die unermüdliche Arbeit an sich selbst, äußerste Strenge gegenüber der eigenen Leistung, unablässige Vervollkommnung seiner Poesie, er sucht nach gültigem Ausdruck für das Neue, das Unerhörte. Die Apotheose der Technik, das beliebte Thema der zwanziger Jahre, ist Pasternak ebenso fremd wie das Pathos der Industrialisierung der dreißiger Jahre. Noch weniger ist es ihm gegeben, erlahmenden Enthusiasmus der Massen durch flammende Parolen neu zu entfachen, wie Majakowskij es einzigartig verstanden hatte.

Die marxistische Literaturkritik hat daher von Anfang an in

Pasternak das Gegenbild ihrer Literaturtheorie gesehen. So wechselvoll die sowjetische Kulturpolitik sich im Detail verhielt, so konsequent war sie in ihren Grundsätzen. Daß die Partei sich in Fragen der Kultur und Kunst nicht neutral verhalten könne, daran hat schon Lenin keinen Zweifel gelassen, und an diesem Grundsatz haben Schriftsteller und bildende Künstler immer wieder und jedesmal vergeblich gerüttelt. Pasternak sagte im noch liberalen Jahr 1925: »Wir erleben keine kulturelle Revolution, sondern eine kulturelle Reaktion.« Es gab nur – und zwar erhebliche – Gradunterschiede der parteilichen Einmischung. Die Kritik an Pasternak unterscheidet sich daher immer nur im Ton, nie in der Sache. Seine Begabung wird nie bestritten, er gilt als »hervorragender Meister des Verses«. Aber ob man die frühen oder die letzten Kritiken liest, immer wieder gelten sie seinem Individualismus. Alexander Fadejew schrieb: »... Sein Werk bringt jenen Individualismus zum Ausdruck, der dem Geist unserer Gesellschaft gänzlich fremd ist.« Die *Literaturnaja gaseta* übte 1946 Selbstkritik, daß durch ihre Schuld »die ideenarme, volksfremde Dichtung Pasternaks so weite Verbreitung gefunden« habe. Die *Prawda* nennt ihn »subjektivistischer Individualist, Nachbeter der Dekadenzler und Symbolisten«. Auf dem Zweiten Allunionskongreß des sowjetischen Schriftstellerverbandes im Dezember 1954, zu Beginn des Tauwetters, hieß es über Pasternak: »Wir alle schätzen ihn als Meister des Verses ... Aber um der Gerechtigkeit willen muß man sagen, daß das Schaffen von Boris Pasternak nicht die Anerkennung des Volkes findet. Womit läßt sich das erklären? In erster Linie damit, daß es der Dichter nicht vermocht hat, sich zu den fortschrittlichen Ideen unserer Zeit aufzuschwingen, davon spricht auch die Form seiner Werke. Liest man Pasternak, hat man das Gefühl, durch ein Labyrinth komplizierter und überaus subjektiver Vorstellungen zu irren.«

Die Angriffe der Kritik belasten Pasternak kaum, denn bis weit in die dreißiger Jahre war scharfe und offene Diskussion noch gang und gäbe. Seine schwere depressive Krise 1935 hatte tiefere Ursachen.

Pasternak, mit politischem Scharfblick gewiß nicht ausgestattet, sah dennoch deutlicher als seine Kollegen, wohin Stalins Innenpolitik führte. Nicht äußere, sondern innere Existenzangst machten ihn körperlich und seelisch krank. Er fühlte sich am Ende, glaubte, nichts mehr geben zu können, denn das einzige, was er zu geben hatte: sich selbst in seiner Kunst, gerade das wurde als revolutionsfeindlich und volksfremd verlästert. Der Mord an Kirow im Dezember 1934 war der Auftakt zur großen Säuberung gewesen. Unheimlich und schleichend fraß sie sich ihren Weg. Zwei Jahre dauerte die psychologische Vorbereitung: was 1934 noch *nur* revolutionsfeindlich genannt wurde, hieß 1936 trotzkistische und volksfeindliche Tätigkeit, beides waren strafrechtlich zu verfolgende Delikte.

Vier Monate dauerte Pasternaks große Krise, dann hatte er sich wieder in der Hand. Woher er die Kraft dazu nahm, läßt sich aus den Briefen nicht unmittelbar lesen. Gewiß hat sich ihm durch das Übersetzen von Werken der Weltliteratur – »die Möglichkeit, ehrlich zu arbeiten«, wie er es nennt – ein neuer produktiver Weg geöffnet. Doch waren es wohl in erster Linie seine erstaunliche geistige Vitalität, sein Optimismus, die »Liebe zum Künftigen«, sein unbeirrbares Unterscheidungsvermögen zwischen echten und unechten Entwicklungsphasen, die ihn zwar spontan verzweifeln, aber nicht wirklich an der Epoche und an sich selbst zweifeln ließen. In einem Brief an Tizian Tabidse heißt es:

»Die Revolution ist erst in ihren äußeren Konturen in ihren zentralen Personen. Sie ist einstweilen nur im Allergrößten. Darum ist es so schwer: sie wird erst zum Leben, wenn sie auch im Allerkleinsten ist. Und natürlich – sie wird!«

Dem Jahr 1936 sah Pasternak mit souveräner Gelassenheit entgegen. Dieses für alle schlimme Jahr brachte den Künstlern zusätzliche Drangsal: man startete eine »Kampagne gegen den Formalismus in der Kunst« und koppelte sie mit der »Entlarvung trotzkistischer Agenten in der Literatur«. Unzählige Vorträge, Versammlungen, Diskussionen, Abende der Selbstkritik wurden veranstaltet. Unsicherheit, quälende Unruhe, Sorge um schon Verhaftete, Angst vor der eigenen Verhaftung vergifteten die Atmosphäre.

Pasternak ließ sich von der Hetze nicht anfechten, obwohl auch er scharf kritisiert wurde. In einem Brief an Tizian und Nina Tabidse, die aufs äußerste beunruhigt waren, mokiert er sich über seine Kollegen, die »lammfromm den Kritiker-Grießbrei löffelten«. Er ermutigt die Freunde und ermahnt sie, nur der eigenen Wahrheit zu glauben, nur ihr und nicht dem Formalismusgezänk.

Tabidse und Jaschwili hatten die nachsymbolistische Romantik längst abgestreift, und wie ein Großteil der sowjetischen Künstler nahmen sie den sozialistischen Realismus durchaus ernst und glaubten, mit ihm Wege zu neuer künstlerischer Aussage finden zu können; sie waren auch bereit, den »Formalismus zu überwinden«, wenn nur ihre künstlerische Individualität erhalten blieb. Wie viele andere waren sie mit Eifer bemüht, die neue Kunst für sich zu erobern. 1936 erschien ein Gedichtband von Tizian Tabidse mit einer kurzen autobiographischen Skizze. Hier schildert er knapp seinen Weg zum bewußt sowjetischen Künstler. Von einigen großen Dichtungen der vorangegangenen Jahre und besonders von dem Gedichtzyklus *Heimat* schreibt er: »Mir scheint, in diesem Zyklus komme ich mehr als in den anderen dem sozialistischen Realismus nahe.« Jaschwili hatte 1936 mit seiner ganzen leidenschaftlichen Beredsamkeit in Moskau an den Formalismus-Diskussionen teilgenommen, noch in der Hoffnung, die offiziösen Kritiker und Literaturtheoretiker von ihrem Irrweg abzubringen. Ein Jahr später – die Säuberung war auf dem Höhepunkt – verzweifelte er und nahm sich das Leben.

Der lebensfrohe Tabidse verfiel in diesen Monaten, von Vorahnungen zerquält, in Schwermut. Tschikowani berichtet von seinem letzten Besuch bei ihm: »Man hatte mir erzählt, daß er, verleumdet und verlästert, sein Haus nicht mehr verlasse, seine Ruhe verloren habe und dahinschwinde wie ein Wachslicht. Ich ging sofort zu ihm, um ihn für einige Stunden von seinen düsteren Gedanken abzulenken, seine Schwermut aufzuhellen. Sie war aus dem ständigen Warten auf kommendes Unglück erwachsen, von dessen Nahen er aus vielen untrüglichen Zeichen überzeugt war. Er freute sich über meinen Besuch, das Gespräch regte ihn an, er las mir einige noch unveröffentlichte Gedichte vor. Wir sprachen über Dichtung, erinnerten uns gemeinsamer Freunde. Die Muse seiner Poesie, seine Columbine, seine ihm untrennbar verbundene Nina saß mit uns und sah hin und wieder dankbar zu mir hinüber. Das war unsere letzte Begegnung. Als ich ging, begleitete Tizian mich bis zur halben Treppe und verabschiedete sich mit traurigem Lächeln von mir. Mit bitterschwerem Gefühl ging ich fort, die Tschawtschawadse-Straße entlang *. In Tbilissi begann der Herbst, in den Baumreihen auf dem Rustaweli-Prospekt raschelten die müden Blätter. Es war, wie wir viel später erfuhren, der letzte Herbst im Leben von Tizian Tabidse.«

Wie Pasternak und einige seiner Briefpartner die Schreckensjahre überstanden, geht begreiflicherweise aus dem Briefauswahlband nicht hervor. Weder Tschikowani noch Leonidse, noch auch Pasternak zogen sich in eine wie auch immer geartete »innere Emigration« zurück. Alle drei waren und blieben loyale sowjetische Bürger. Tschikowani ist ein Musterbeispiel dafür, was einer großen Begabung auch unter der Diktatur des sozialistischen Realismus künstlerisch möglich war. Seine Versdichtung ›Weg der Freundschaft‹, die die tiefe Freundschaft zwischen der großen sowjetischen Vielvölkernation und dem polnischen Brudervolk feiert, ist aus mancherlei Gründen befremdlich. Sieht man über das Sujet hinweg, beeindruckt die souveräne Sprache, ihre Klarheit, die Intensität der Bilder, die verdichtete Reise-Situation, die keine Stimmungsnuance einer langen Reise ausläßt.

Über die Gründe, die ausgerechnet den so oft und oft auch gehässig angegriffenen Pasternak vor der Säuberung verschonten, ist viel gerätselt worden. Die gängige Erklärung, der Georgier Stalin habe den Mann, der als erster die hohe Kultur seiner Heimat auf »Allunionsebene« bekannt gemacht hatte, nicht antasten wollen, ist unwahrscheinlich. Nikolaj Tichonow und eine ganze Reihe namhafter russischer Lyriker waren durchaus in der Lage, auf diesem Gebiet Pasternak zu ersetzen. Mir erscheint es müßig, sich hier Spekulationen hinzugeben, nur eins muß festgehalten werden, weil es gelegentlich bestritten wird: Pasternak hat sein Überleben nicht *den* Konzessionen zu verdanken, die man heute in der Sowjetunion – voller Verständnis zwar, doch auch mit einer Spur von Verachtung – »Anpassung« nennt. Bis in die Mitte der dreißiger Jahre rief der Schriftstellerverband Pasternak immer wieder: als Delegierten auf internationalen Kongressen, als Präsidiumsmitglied bei Schriftstellerkonferenzen der Union und in einzelnen Republiken, als Diskussionsredner. Diesen Aufgaben, so unbequem sie Pasternak wohl auch gelegentlich waren, hat er sich nie entzogen; den Nutzen des Allunionsschriftstellerverbandes als Organisation hat er stets anerkannt. Aber dem Anspruch des Verbandes, allgemein verbindliche methodische und ästhetische Maßstäbe zu liefern, seiner Anmaßung, summarisch zu be- und verurteilen, die Verbandsmitglieder zum Sprachrohr einer einheitlichen, von parteitheoretischen Gesichtspunkten bestimmten Kunstauffassung herabzudrücken, trat Pasternak energisch entgegen.

1936 heißt es in einem Brief an das Ehepaar Tabidse: »Gedichte werden auf lange-lange Zeit nicht in meinem Plan sein.« Zwar hatte er im selben Jahr noch zwei Gedichtzyklen veröffentlicht, *Reisenotizen* und *Der Künstler*; beide Zyklen hält er selber für schwach und mißglückt, und er schämt sich vor seinen Freunden. Die Erfahrungen und Erkenntnisse der letzten Jahre drängten Pasternak zur breiten Prosa, sie verlangten nach epischer Form. Die Arbeit am ersten Entwurf des großen Romans begann. Er sollte den Titel *Roman über Patrick* tragen. In diesem Entwurf tritt auch die Heldin der 1924 geschriebenen Erzählung ›Ljuvers Kindheit‹ wieder auf, nun als Erwachsene. Im Dezember 1938 veröffentlichte die *Literaturnaja gaseta* zwei Abschnitte des Romanfragments. In seinen späteren Jahren hat Pasternak diese Versuche als unzureichend abgelehnt. Aus den in den Jahren 1936–1945 spärlicher werdenden Briefen geht hervor, daß er »die Prosa nicht schaffte«. Die volle Arbeitskraft gilt nun den Übersetzungen: Verlaine, Shakespeare, Schiller, Goethe und immer wieder den Georgiern.

Aus kleinen Nebenbemerkungen schimmert die äußere Situation. 1938: »mit mir schließt man keine großen Verträge«. 1939/40: »noch bin ich der Sündenbock, und das wird auch noch eine Weile so bleiben...« 1941 hatte Pasternak sich sofort als Kriegsberichterstatter an die Front gemeldet. Erst 1943, nach unermüdlichen Anträgen und Demarchen politisch einwandfreier Freunde, wird er einige Zeit an den Mittelabschnitt nach Orjol geschickt. Zwischen 1943 und 1946 kann der Dichter außer Übersetzungen wieder eigene Gedichte veröffentlichen und Vortragsabende vor überfüllten Sälen halten. Dem setzt Shdanows scharfer Kurs ein Ende. Dieser äußere Rückschlag läßt Pasternak ebenso kühl wie alle Angriffe der vorangegangenen Jahre. Dagegen hat er 1948/49 mit neuen Depressionen zu kämpfen, als die »Kampagne gegen Kosmopolitismus und Kriecherei vor dem Westen« die bisher unterschwellige Nachkriegssäuberung offenkundig macht. Resigniert schreibt er an Natalija Watschnadse im Dezember 1949: »Mit dem Gefühl tiefer Verwandtschaft, das Ihr Buch in mir weckte, sende ich Ihnen Gruß und Dank aus meinem mißlungenen und unverbesserlichen Leben in Ihr gelungenes und siegreiches.« Wieder, wie 1936, hilft die Prosa weiter. Schon nach 1945 hatte Pasternak die Arbeit am großen Roman wieder aufgenommen. Jetzt ergreift sie ihn ganz. *Doktor Schiwago* entsteht. Die starken Stimmungsschwankungen werden seltener. Die Briefe der letzten Jahre schreibt ein glücklicher Pasternak, der sein Geschick als Gnade und Glück empfindet; er ist von Dankbarkeit durchdrungen, daß es ihm vergönnt war, sich selbst und seinem Leben treu zu bleiben, daß er ehrlich arbeiten konnte.

Heddy Pross-Weerth

ANMERKUNGEN

13 *Erschütterungen meines Lebens: Paolo Jaschwili* beging im
Sommer 1937, als die stalinsche Säuberung immer verheeren-
dere Ausmaße annahm, Selbstmord. – *Tizian Tabidse* wurde
im Herbst 1937 verhaftet und zwei Monate später erschossen.
Die Nachricht von seinem Tod erhielt seine Witwe erst 1955.
– *Marina Zwetajewa* fühlte sich in der Pariser Emigration
unglücklich und wollte in die UdSSR zurück. Bei seinem Aufenthalt in Paris 1935 verhehlte Pasternak ihr die Schwierigkeiten des sowjetischen Lebens nicht. Vier Jahre später ent-
schloß sich Zwetajewa trotzdem zur Rückkehr und beging
1941 Selbstmord. Pasternak fühlte sich für ihren Tod verant-
wortlich.

19 *Nikolaj Assejew* (1888–1964): Lyriker, mit Pasternak und
Majakowskij befreundet, Mitarbeiter im LEF (›Linke Kunst-
front‹), der Zeitschrift Majakowskijs.
Nitotschka (Nita): Tanit Tabidse, Tochter von Tizian und
Nina Tabidse.
Sina: Sinaida Nikolajewna Pasternak (1897–1966), Ehefrau
des Dichters.

20 *Sandro (Alexander) Schanschiaschwili* (1888): georgischer
Dichter und Dramatiker. Die Lyriker *Kolau (Nikolaj)
Nadiradse* (1895), *Valerian Gaprindaschwili* (1888–1941),
Georgij Leonidse (1899–1966), der Lyriker und Prosaist *Niko-
laj Mizischwili* (1896–1937) gehörten zur nachsymbolisti-
schen Dichtergruppe ›Golubyje rogi‹ (die Blauen Hörner).
Führer der Gruppe waren *Paolo Jaschwili* (1895–1937) und
Tizian Tabidse (1895–1937).

21 *Michail Dshawachischwili* (1880–1937): georgischer Schriftsteller.
Kapitel des ‹Geleitbriefs‹: deutsch unter dem Titel *Geleitbrief. Entwurf zu einem Selbstbildnis.* S. Fischer Verlag,
Frankfurt ²1986.

wie Tizian sagen würde: Bezug auf ein Gedicht von Tabidse:
Nicht ich schreibe Gedichte,
wie ein Erzählung schreiben sie mich,
und der Gang des Lebens begleitet sie.

22 *Tamara Georgijewna, Nina Alexandrowna, Nitotschka, Medea:* Frau von Paolo Jaschwili, Frau und Tochter von Tizian
Tabidse, Tochter des Ehepaares Jaschwili.

23 *Grigorij (Grigol) Robakidse* (1894–1963): der Gruppe der ›Golubyje rogi‹ nahestehender Schriftsteller. Er emigrierte und
wurde in Deutschland Ende der dreißiger Jahre berühmt durch
seine Romane *Das Schlangenhemd* und *Die gemordete Seele*
sowie durch seine Erzählungen aus Georgien.

Adik: Adrian Neuhaus (1925–1945): Sinaida Pasternaks älte-
rer Sohn aus ihrer Ehe mit dem Pianisten *Heinrich (Garrigue)
Gustavowitsch Neuhaus* (1888–1964). Der jüngere Sohn *Stanislaw (Stassik) Neuhaus* (1927–1982) war Pianist und Professor am Moskauer Konservatorium.

Besso Shgenti: georgischer Literaturkritiker. Redakteur im
Verlag ›Sarja wostoka‹.

Simon Tschikowani (1902–1966): stand in seiner Jugend dem
Futurismus nahe, gehörte zu den bedeutendsten modernen
georgischen Dichtern.

24 *Washa Pschawela* (1861–1915): Pseudonym für Luki Rasi-
kachwili.

Elewtera Andronikaschwili: georgischer Physiker, Bruder des
Schriftstellers Iraklij Andronikow (1908).

S. N. und *J. W.:* Sinaida Nikolajewna und Jewgenija Wladimirowna, die zweite und die erste Gattin Pasternaks.

25 *Innokentij Annenskij* (1856–1909): Lyriker und Prosaist.

26 *nach Tiflis aufmacht:* Zur Bildung der georgischen Sektion des
in Gründung befindlichen Sowjetischen Allunionsschriftstel-
lerverbands wurde eine Schriftstellerbrigade nach Tbilissi ent-
sandt. Zu ihr gehörten unter anderen *Nikolaj Tichonow*
(1896–1979), *Jurij Tynjanow* (1894–1943), *Olga Forsch*
(1873–1961), *Viktor (Vitja) Golzew* (1901–1955) sowie Pasternak. Auf dieser Reise verabredeten Tichonow und Pasternak,
gemeinsam eine Sammlung georgischer Lyrik ins Russische zu
übersetzen und herauszugeben; die Sammlung erschien 1935
unter dem Titel *Georgische Dichter* in Moskau.

Pasternak verwendet für die georgische Hauptstadt sowohl den russischen Namen ›Tiflis‹ als auch den georgischen ›Tbilissi‹.

27 *Rion-Ges:* das erste Elektrokraftwerk in Georgien am Fluß Rion.

Galaktion Tabidse (1892–1959): populärer patriotischer Dichter, nicht verwandt mit Tizian Tabidse.

28 *Boris Iwanowitsch Kornejew* (1896–1958): Journalist und Übersetzer.

Nikolaj: der Lyriker Nikolaj Tichonow.

30 *Georgij (Gogla) Nikolajewitsch Leonidse* (1899–1966): Lyriker und Literaturkritiker.

31 *Boris Konstantinowitsch Sajzew* (1881–1972): Novellist und Romancier. Trotz Emigration (1922) hielt er die Verbindung zur Heimat zeitlebens aufrecht.

B. N.: gemeint ist der Schriftsteller Andrej Belyj (1880–1934), der mit bürgerlichem Vor- und Vatersnamen Boris Nikolajewitsch hieß.

32 *Parujr Meliksetowitsch Foljan:* Chefredakteur des Transkaukasischen Verlags ›Sakgis‹, der zum Ersten Allunionskongreß des Sowjetischen Schriftstellerverbands (1934) die Anthologie *Georgische Dichter* und das Poem *Der Schlangenfresser* von Washa Pschawela vorbereitete.

Garegin Wladimirowitsch Bebutow (1903–1987): Literaturwissenschaftler. Er redigierte Pasternaks Ausgabe letzter Hand *Gedichte über Georgien. Georgische Dichter,* Tbilissi 1958.

34 *Iraklij Abaschidse:* georgischer Lyriker, später leitender Mitarbeiter im Georgischen Schriftstellerverband.

meinen eigenen Sohn: Jewgenij Borissowitsch (geb. 1924), Pasternaks Sohn aus erster Ehe.

Lado Gudiaschwili (1896–1980): berühmter georgischer Maler.

35 *Claudia Nikolajewna:* Gattin von Andrej Belyj.

36 *zu Ihrem Hündchen:* Anspielung auf Tizian Tabidses Gedicht ›Dorfnacht‹, das Pasternak übersetzt hatte.

Jewfimija Alexandrowna: Gattin von Georgij Leonidse.

39 *Alexander Schtscherbakow* (1901–1945): damals Erster Sekretär des Sowjetischen Schriftstellerverbands. Pasternak bezieht sich auf die Rückreise vom internationalen antifaschistischen Schriftstellerkongreß 1935 in Paris.

41 *In den Verwirrungen der jüngsten Zeit:* Im Frühjahr 1936 fand
eine unionsweite Kampagne ›gegen Formalismus in Kunst
und Literatur‹ statt, die große Beunruhigung hervorrief.
für Pilnjak und Leonow: zwei bedeutende Schriftsteller
der sowjetischen Frühzeit. Boris Andrejewitsch Pilnjak
(1894–1937) fiel der großen stalinschen Säuberung zum
Opfer. Leonid Maximowitsch Leonow (1899) blieb ver-
schont.

42 *Literaturka und Wetschorka:* Spöttische Bezeichnung für die
Literaturzeitung und das *Moskauer Abendblatt.*
noch vor Minsk: im Februar 1936 war Pasternak als Delegier-
ter zum Plenum des Schriftstellerverbandes in Minsk abkommandiert worden.

43 *Sofja Andrejewna Tolstaja:* Enkelin von Lew Tolstoj und Frau
von Sergej Jessenin.
ist Ihr Borja heruntergekommen: Bezug auf den im Sommer
erschienenen Zyklus *Reisenotizen.*

44 *lange-lange nicht sein werden:* Pasternak hatte mit der Arbeit
an der ersten Fassung seines großen Romans begonnen. Diese
Fassung trug den Titel ›Roman über Patrick‹.
über Paolo so wenig zu sagen: gemeint ist Pasternaks Gedicht
›Schwelle des Vergangenen‹, das er Paolo Jaschwili widmete.

45 *vom Wasserfall usw. lasen:* gemeint ist Pasternaks Gedicht
›Nie schweigendes Rauschen der Felder‹ aus dem Zyklus *Reisenotizen.*

46 *schreibe und zerreiße:* Pasternak hatte die Nachricht von
Paolo Jaschwilis Selbstmord erhalten.

51 *Sololaki:* Stadtteil von Tbilissi, in dem Leonidse wohnte.

55 *Ljonitschka, Ljonetschka, Ljonja:* Kosenamen für Pasternaks
jüngsten Sohn Leonid Borissowitsch (1938–1976).
Leonid Maximowitsch: gemeint ist der Romancier Leonid
Leonow, der trotz grundsätzlicher Bejahung des Sozialistischen Realismus von Dostojewskijs psychologischem Realismus so stark geprägt war, daß er mehrfach ins Trommelfeuer
der Kritik geriet.

59 *Fedin, Nikitin, Pogodin, Fadejew:* Konstantin Alexandrowitsch Fedin (1892–1977), Nikolaj Nikolajewitsch Nikitin
(1895–1963), Nikolaj Fjodorowitsch Pogodin (1900–1962),
Alexander Alexandrowitsch Fadejew (1901–1956) gehörten
zur Schriftstellerprominenz.

62 *in die gleiche Lage geriet wie er:* Heinrich Neuhaus war zu Anfang des Krieges kurze Zeit inhaftiert, wurde dann in den Osten verbannt.

63 *Litfond:* Literaturnyj fond, Hilfsorganisation für Schriftsteller, auch für Nichtmitglieder des Schriftstellerverbandes.

Trenjow: Konstantin Andrejewitsch Trenjow (1876–1945), Dramatiker.

Marina Zwetajewa (1892–1941) vgl. Anmerkung zu S. 13

Alexander Nikolajewitsch Afinogenow (1904–1941)

64 *Shenja:* Jewgenij Borissowitsch Pasternak.

66 *bei Asmussens:* Valentin Ferdinandowitsch Asmus (1894–1975), Philosoph und Literaturwissenschaftler und seine Frau Irina Sergejewna waren enge Freunde der Familie Pasternak.

70 *S. M. Chitarowa:* Verlagslektorin und Redakteurin im Staatsverlag.

71 *Heinrich:* Übersetzung von Shakespeares ›Heinrich IV.‹

Barataschwili: Zu den Festlichkeiten anläßlich des 100. Todestages von Nikolaj Barataschwili (1816–1845) bereitete Pasternak einen Auswahlband aus dessen Dichtungen in russischer Sprache vor.

72 *Kira:* Kira Georgijewna Andronikaschwili, georgische Schauspielerin, Frau von Boris Pilnjak.

Natalija Georgijewna: Natalija G. Watschnadse, georgische Filmschauspielerin, Schwester von Kira Andronikaschwili.

Sergej Dmitrijewitsch Spasskij, Michail Leonidowitsch Losinskij: Lyriker und Übersetzer.

73 *der verewigte Valerian:* Valerian Gaprindaschwili (1889–1941).

›Der Gefangene im Kaukasus‹, ›Die Fontäne von Bachtschissarai‹: Dichtungen von Alexander Puschkin.

die Einleitung von Antokolskij: Pawel Grigorjewitsch Antokolskij (1896–1978), Lyriker, Übersetzer georgischer Dichtung.

74 *auf Tizians Papier:* Nina Tabidse hatte Pasternak das Schreibpapier ihres Mannes geschenkt.

Saguramo: Erholungsheim des Georgischen Schriftstellerverbands.

77 *›Zweifel‹:* Gedicht von Simon Tschikowani, das Pasternak ins

Russische übertrug und unter dem Titel ›Arbeit‹ veröffentlichte.

›Irdische Weite‹: Gedichtband von Pasternak, erschienen
1945.

Krutschonnych: Alexej Jelissejewitsch Krutschonnych
(1886–1968), Lyriker, einer der wichtigsten Theoretiker des
russischen Futurismus.

Surabtschik: Surnaspieler. Die Surna ist ein bei den kaukasischen Völkern und in Mittelasien verbreitetes Blasinstru-
ment.

78 *Sergo:* Sergej D. Kidiaschwili, georgischer Prosaschriftsteller.

79 *Was für ein Glück!:* es handelt sich um die falsche Nachricht
von einem Brief Tizian Tabidses, der Hoffnungen auf seine
Freilassung weckte. Tabidse war bereits 1937 erschossen worden, während seine Angehörigen die offizielle Mitteilung erhalten hatten, er sei zu zehn Jahren Straflager ohne Korrespon-
denzerlaubnis verurteilt.

Kinder-Jolka: statt des Weihnachtsfests wird in der Sowjetunion Sylvester und Neujahr mit einem Tannenbaum, der
Jolka, gefeiert.

80 *Jewgenij Dmitrijewitsch Spasskij* (1898–1956): Kunstmaler,
Bruder des Lyrikers Sergej Spasskij.

81 *Salomon Leonidse:* georgischer Staatsmann, Kanzler des letzten georgischen Königs Iraklij II. (1728–1790), Gestalt in Barataschwilis Poem ›Georgiens Schicksal‹.

83 *M. I. Slatkin:* Mark Israiljewitsch Slatkin, Lektor, später Di-
rektor des georgischen Verlags ›Sarja wostoka‹.

84 *als das bekannte literarische Erdbeben stattfand:* Zur Ver-
schärfung des ideologischen Drucks nahm das Zentralkomitee der KPdSU am 14.8.1946 eine Resolution an, durch die
Literatur und Kunst zu reinen Propagandamitteln erniedrigt
werden sollten. ZK-Mitglied *Andrej Alexandrowitsch Shdanow* (1896–1948), zuständig für Kultur, legte im September in
zwei Grundsatzreferaten die Parteilinie fest und stellte als
»Abschaum der Literatur« *Anna Achmatowa* und *Michail
Soschtschenko* heraus. Er erklärte Soschtschenko zu einem
Hohlkopf, der gewohnheitsmäßig die sowjetische Lebens-
weise und den sowjetischen Menschen verhöhne und mit seinen abgeschmackten Machwerken das Bewußtsein der Ju-

gend vergifte. Anna Achmatowa wurde als typische Vertreterin einer »unserem Volk wesensfremden, leeren, ideenlosen Salonpoesie« apostrophiert; sie sei »Hure und Nonne zugleich«, ein »Überbleibsel des reaktionären literarischen Sumpfes«.

85 *über Nitas Augen betrübt:* Tanit Tabidse drohte Erblindung.

86 *nicht ein bißchen verdrossen: Alexander Fadejew,* damals Erster Sekretär des Sowjetischen Schriftstellerverbands, hatte im Präsidium des Verbands Pasternak vorgeworfen, er habe sich während des Krieges von der »aktuellen Dichtung« abgewandt und in seinen Übersetzungen eine »bestimmte Position« bezogen, die »unsere Ideologie nicht anerkennt«. Pasternaks Lyrik sei dem Volk fremd, ideenlos und apolitisch.

87 *durch die Herbstereignisse:* vgl. Anmerkung zu S. 84

90 *Jura:* gemeint ist Jurij, der Held im Roman *Doktor Schiwago.*

94 *Merani:* Gedicht von Nikolaj Barataschwili.
Boris Iwanowitsch Liwanow (1904–1972): Schauspieler am Moskauer Künstlertheater.

95 *M. Morosow:* Shakespeareforscher.
P. Tschagin: Literatur- und Kulturkritiker.

97 *Akakij Zereteli* (1840–1915): georgischer Lyriker.

99 *meine arme Olja:* Olga Wsewolodowna Iwinskaja (geb. 1912), langjährige Freundin von Pasternak, wurde zu fünf Jahren Straflager verurteilt.
wie begabt sind Sie doch: der Brief bezieht sich auf Natalija Watschnadses Memoiren *Begegnungen und Erinnerungen,* erschienen 1949.

100 *Schengelaja:* Nikolaj Michajlowitsch Schengelaja (1903–1943), Filmregisseur, verheiratet mit Natalija Watschnadse.

102 *Borja:* Boris Andronikaschwili, Sohn von Boris Pilnjak und Kira Andronikaschwili.
Fatjma Antonowna Twaltwadse (1897–1973): Übersetzerin georgischer Prosa.
Garrigue: Heinrich Neuhaus
Tschatscha: hochprozentiger georgischer Weinbrand.
Nita, Giwik und Alexej (Alik) Nikolajewitsch: Tochter, Enkel und Schwiegersohn von Nina Tabidse.

103 *der Akademiker Zereteli:* G. B. Zereteli, Orientalist und Arabist, Mitglied der Georgischen Akademie der Wissenschaften.

von der Veröffentlichung gehört: Zum ersten Mal seit der ungeheuerlichen Beschimpfung durch *Shdanow* hatte eine Zeitschrift die Genehmigung zum Abdruck einiger Gedichte von Anna Achmatowa erhalten.

vor zwanzig Jahren gesagt: Pasternak bezieht sich auf seinen Gedichtband *Die zweite Geburt* und auf das Einleitungsgedicht ›Wogen‹, das Revolution und Sozialismus zum Thema hat.

105 *Galja, Schura und Irina Pasternak:* Galja (Galina) Neuhaus, Ehefrau von Stanislaw Neuhaus, Schura (Alexander) und Irina Pasternak, des Dichters jüngerer Bruder nebst Ehefrau.

Natürlich Kotschetkow: Alexander Sergejewitsch Kotschetkow, Lyriker und Übersetzer.

106 *Raissa Konstantinowna Mikadse:* Bildhauerin.

110 *der mich rügte:* Die Literaturwissenschaftlerin T. Motylewa hatte Pasternak vorgeworfen, er habe Götter, Engel, Hexen, Geister und den Wahnsinn des armen Gretchens allzugut wiedergegeben, die fortschrittlichen Ideen Goethes dagegen in den Schatten gestellt und nicht beachtet.

112 *G. L. Assatiani:* Kritiker, damals Student in Moskau.

115 *der erste Schnee:* Gedicht von Georgij Leonidse.

wer die Gestalt gewesen war: Jewfimija Leonidse.

Tina: die jüngere Tochter des Ehepaares Leonidse.

120 *Nikolaj Nikolajewitsch Wiljam-Wilmont* (1902–1987): bedeutender sowjetischer Literaturwissenschaftler.

121 *Tschurtschcheli:* Kaukasische Süßigkeit aus aufgezogenen geschälten Walnüssen, die in Traubensirup geschwenkt und dann zum Trocknen aufgehängt werden.

122 *Wladislaw Felizianowitsch:* W. F. Chodassewitsch (1886–1939), Lyriker und Literaturwissenschaftler, emigrierte 1922 nach Berlin, lebte später in Frankreich.

Jelena Dawydowna Gogoberidse-Lundberg: Literaturwissenschaftlerin und Übersetzerin.

diese Rohübersetzung: Georgi Leonidses Poem *Nikolaj Barataschwili*.

127 *D. N. Shurawljow:* Rezitator.

Skrjabina: Tochter des Komponisten Alexander Skrjabin.

128 *den Roman gelesen haben: Doktor Schiwago.* Pasternak arbeitete mit Unterbrechungen seit 1945 daran.

129 *enttäusche ich Sie also:* Es kam häufig vor, daß Pasternak nach Fertigstellung einer Übersetzung ihre Qualität unterschätzte; dabei gelten gerade seine Übertragungen der Gedichte von Akakij Zereteli als Kostbarkeiten der Nachdichtung. Nach einiger Zeitdistanz anerkannte Pasternak auch diese Arbeiten, wie aus einem Brief an *Garegin Bebutow* hervorgeht, der in Tbilissi einen Band Zereteli edierte.

131 *Nestan:* die ältere Tochter des Ehepaares Leonidse, Kosename: Pesso.

142 *Mnogoletije:* Bittchoral nach der Messe für das Wohlergehen des Zarenhauses.

148 *die Nummer eröffnet:* das Aprilheft der Zeitschrift *Snamja* beginnt mit einem langen Gedicht von Simon Tschikowani, in dem er seine Reise von Georgien nach Polen schildert. Dasselbe Heft veröffentlicht zehn Gedichte Pasternaks, die zum Gedichtanhang des *Doktor Schiwago* gehören. In einem Vorspann dazu kündigt Pasternak die Vollendung des Romans für den Sommer 1954 an.

151 *an mich geschrieben haben:* Nina Tabidse hatte die endgültige Bestätigung von Tizian Tabidses Tod im Jahre 1937 erhalten und zugleich damit die Mitteilung seiner posthumen Rehabilitierung.

152 *David Guramischwili* (1705–1792): georgischer Dichter, dessen 250. Geburtstag gefeiert wurde.
Tizians Gedichte: Nach der Rehabilitierung ihres Mannes stellte Nina Tabidse einen Auswahlband seiner Gedichte zusammen. Einige davon wurden in Pasternaks Übertragung ins Russische in der Zeitschrift *Nowyj mir*, Heft 7, 1956 veröffentlicht.

153 *Betätigungen ablenken:* Pasternak wurde in dieser Zeit häufig zur Mitarbeit an umfangreichen Almanachen eingeladen (*Literaturnaja Moskwa 1956* Band I und II, *Denj poesii* und anderen).

156 *dieses Wintergedicht im Sommer:* ›Bacchanalija‹ erschien erstmals in der Zeitschrift *Nowyj mir*, Heft 1, 1965. Eine deutsche Übersetzung von R.-D. Keil unter dem Titel ›Tolle Nacht‹ erschien bereits 1960 in dem Gedichtband *Wenn es aufklart* im S. Fischer Verlag.

157 *Alexej Alexandrowitsch Surkow* (1899–1983): Lyriker, von 1953–1959 Erster Sekretär des Sowjetischen Schriftstellerverbands.

Anatolij Wassiljewitsch Starostin (1918–1981): Redakteur im Moskauer Staatsverlag.

›Die hohe Krankheit‹: eine 1923/24 geschriebene weitläufige lyrische Meditation Pasternaks, deren Bilder sich um das zentrale Problem des Schriftstellers gruppieren: um das Verhältnis des Dichters zu seiner Zeit und das Verhältnis der Kunst zur Revolution.

Dmitrij Alexejewitsch Polikarpow: damals Erster Sekretär des Moskauer Stadtkomitees der KPdSU und ZK-Mitglied.

159 *meiner seltsamen Krankheiten:* Ab März 1957 hatte Pasternak unter einer starken und lange währenden Meniskusentzündung zu leiden; sie machte einen zweimonatigen Krankenhausaufenthalt mit anschließender Sanatoriumskur in Uskij notwendig.

160 *fünf Ihrer Gedichte:* ›Blumen‹, ›Maimorgen‹, ›Schneeball‹, ›Im Schatten der Platanen‹, ›Tabak‹.

Konstantin Lordkipanidse: Lyriker und Prosaschriftsteller; *Elisbar Georgijewitsch Ananiaschwili:* Lyriker und Übersetzer.

163 *ich bin keine schwatzhafte Elster:* Zeilen aus einem Gedicht von Tizian Tabidse.

Honorar für die Übersetzung bitten: es handelt sich um einen Band, der die Georgien gewidmeten Gedichte Pasternaks und seine Übersetzungen georgischer Lyrik enthielt.

164 *Aufsatz über Tizian Tabidse:* Simon Tschikowanis Geleitwort zu einem Auswahlband von Tabidses Gedichten, Tbilissi 1957.

›gadawardna‹: Pasternak bezieht sich auf folgende Stelle in Tschikowanis Geleitwort: »Tizian Tabidse war eine besonders sensible Intonation eigen, die er selbst ›gadawardna‹ nannte. Es bedeutet, sich Hals über Kopf in etwas stürzen, darin untertauchen.«

167 *für das Buch gedankt habe:* die letzte zu Pasternaks Lebzeiten erschienene Ausgabe *Gedichte über Georgien. Georgische Dichter.* Redakteur und Herausgeber G. W. Bebutow, Tbilissi 1958.

173 *Georgij Georgijewitsch Margwelaschwili:* georgischer Kriti-

ker, Herausgeber der russischen Ausgabe der *Briefe nach Georgien*, Moskau 1966.

Als Sie mir schrieben: Margwelaschwili hatte Pasternak gebeten, seine Arbeit an den Zereteli-Übersetzungen wieder aufzunehmen. Krankheit hinderte den Dichter jedoch, die für die Zereteli-Jubiläumsausgabe (1960) bestimmten Gedichte zu übertragen.

174 *neue Ausgabe von Papas Gedichten:* Nina Tabidse bereitete einen neuen Band der ins Russische übersetzten Tabidse-Gedichte vor, der 1960 in Moskau erschien.

175 *wie seinerzeit Soschtschenko:* Michail Soschtschenko hatte nach seinem Ausschluß aus dem Schriftstellerverband (1946) jegliche Verdienstmöglichkeit verloren.

in einem von Tizians Gedichten: ›Jüdische Melodie‹.

im Jahre 316 in Mzcheta: die aus Armenien stammende Missionarin *Nino* brachte das Christentum nach Georgien. In Mzcheta, der alten georgischen Hauptstadt, fanden die ersten Bekehrungen statt.

Wundertaten und Prophezeiungen: Pasternak trug sich mit dem Gedanken, ein Stück oder eine Erzählung über die Christianisierung Georgiens zu schreiben.

176 *die Arbeit an dem Stück:* gemeint ist das unvollendet gebliebene Drama *Die blinde Schönheit*. Deutsch 1969, Suhrkamp Verlag, Frankfurt / Main.

178 *Alexej Nikolajewitsch Andriadse:* der Schwiegersohn von Nina Tabidse war Kardiologe.

193 *die Tschawtschawadse-Straße entlang:* Ilja Grigorjewitsch Tschawtschawadse (1837–1907) gehört zu den besten georgischen Dichtern des 19. Jahrhunderts, die, inspiriert durch *Byron*, sich vom Einfluß der persischen höfischen Lyrik gelöst hatten, und den eigenen Wurzeln nachspürten. Tschikowanis und Tabidses Freundschaft hatte im Herbst 1928 auf der Tschawtschawadse-Straße begonnen.